KB046986

봉준호의 영화 언어

봉준호의 영화 언어

이상용 지음

ㄴㄴ > < ㄷㄴ

차례

충실한 독자로서의 봉준호

봉준호 감독에 대한 책을 써나가면서 자주 떠올린 이름은 알프레드 히치콕이었다. 지금은 사정이 조금 나아졌지만 마땅한 번역서가 없던 시절에, 프랑수아 트뤼포 감독이 히치콕 감독과 인터뷰하여 출간한 『히치콕과의 대화』(원제: 히치콕)는 자세한 영화 분석과 더불어 장면에 대한 이해와 심도 깊은 해석을 이끌어주는 필독서 중 하나였다. 봉준호 감독은 강연 자리에서 종종 히치콕의 연출과 독보적인 스타일에 경탄과 감탄을 보냈는데 그것이 어느새 그 자신의 영화 안에도 스며들어, 가장 훌륭한 독자가 가장 좋은 작가가 되는 선례를 보여주고 있다. 봉준호 감독의 영화를 차분히 정리하는 동안 히치콕의 영향력이 여러 장면, 여러 설정 등에 강력하게 자리잡고 있음을 확인할 수 있었다.

이 책에 등장하는, 〈괴물〉에서 현서가 납치되는 장면과 〈새〉의 주유소 폭파 장면의 비교는 숏과 리버스 숏으로 구성된 히치콕의 편집이 봉준호의 영화에서 어떻게 재해석되는가를 보여주는 사례라고 할 수 있다. 주제적인 측면으로 나가면 오인, 오해, 왜곡, 얼룩으로 불리는 히치콕의 세계와 '본다는 것'에 대한 집착 역시 봉준호가 히치콕을 어떻게 다시 쓰기 하는지를 보여준다. 그럼에도 불구하고 봉준호의 영화가 단순한 속류처럼 느껴지거나 인용과 활용처럼 보이지 않는 것은 이야기를 집요하게 자기화하는 내성과 영화 장르를 넘나들며 철저하게 한국의 땅과 건물 그리고 인간과 지리라는 현실세계를 탐구하기 때문이다.

필자 역시 봉준호의 독자로서 이 책을 준비했다. 그의 영화에 대한 수많은 해석이 있고 억측도 있지만, 영화를 통해 반복하고, 매혹을 주며, 심지어 불쾌함의 경계를 넘나드는 순간을 다시 읽어가며 이미지 가운데 자리잡은 주요한 인상들의 지도를 그려보고자 하였다. 골든글로브 시상식의 수상 인터뷰에서 봉준호 감독은 "우리는 단 하나의 언어를 쓴다. 그 언어는 영화다"라는 인상적인 말을 남겼다. 하지만 우리는 분명한 사실을 알고 있다. 많은 작가와 감독이 자신의 언어를 사용하지만 그 언어가 남겨지는 경우는 꽤나 예외적이고 드물다는 것을 말이다. '단 하나의 언어'인 영화 안에는 수많은 작가의 언어가 있고, 그 언어들 가운데 우리가 기억하는 것은 여전히 드물다. 그것은 상업적인 성공이나 명성과는 다른, 고유한 목소리를 내는 일이다.

　이 책은 하나의 영화 언어를 추구하는 한 감독을 따라가고자 하는 비평의 언어다. 자연스럽게 봉준호 감독을 비롯한 많은 이를 매혹하는 영화와 이론의 숲을 경유하면서, 한국의 유수한 평론가들의 글과 독자들의 해석을 오가면서 이를 언어화하는 작업이기도 했다. 비평의 언어가 으레 그러하듯이 오독도 있고, 상투성에 휘말리기도 할 것이다. 다만, 영화비평이나 영화에 관한 책이 여전히 부족한 한국의 현실에서 우리의 감성과 언어가 하나의 언어로 집약되기를 희망하였다. 이 작업은 감독들이 다음 영화를 만들듯이, 다음 책으로, 다음 작가로, 다음 이론으로 넘어가면서 파노라마처럼 펼쳐지기를 소망한다.

2020년 겨울과 겨울 사이에서
이상용

chapter 1

———

짧은 연대기

봉준호 감독은 1969년 9월 14일 대구에서 태어났다. 그래픽 디자이너였던 아버지의 서재는 어린 준호에게 보물창고였다. 디자인 서적과 사진집이 즐비한 아버지의 서재는 흥미를 안겨주었다. 아버지가 포스터컬러와 물감으로 작업하시는 모습도 많이 봤다. 봉준호 감독 역시 그림과 만화를 즐겨 그리곤 했다. 외조부는 『소설가 구보씨의 일일』(1934)과 『천변풍경』(1936)을 쓴 작가 박태원이다. 하지만 한국전쟁 당시 월북을 한 탓에 외조부 이야기를 집에서 들을 일은 거의 없었다. 유신 시대에 유년기를 보낸 탓에 사회적으로나 가족들 사이에서 반공 이데올로기의 기운이 거셌다. 박태원을 이야기하는 것은 암묵적인 금기였을 것이다. 오늘날 박태원은 한국문학사에서 일찌감치 의식의 흐름을 활용한 모더니즘의 중요한 작가로 평가받는다. 『소설가 구보씨의 일일』과 『천변풍경』은 당시 서울의 모습과 함께 어두운 시대에 지식인으로 살아가는 인간의 모습을 보여주고 있다. 그런데 박태원 작가가 생애 전반에 걸쳐 활발하게 쓴 장르는 풍자와 역사소설로, 리얼리즘 작가로서의 역량이 더 크다고 할 정도다. 이처럼 모더니즘과 리얼리즘이 함께 있는 박태원의 세계는 간접적으로 봉준호 감독의 관심사와도 연결된다.

어릴 적에는 극장보다 TV에서 해주는 영화를 주로 보았다. 초등학교 시절 TV에서 본 앙리조르주 클루조 감독의 〈공포의 보수〉(1953)를 보고 매료된다. 여러 인터뷰에서 그는 이 작품이 자신을 감독의 길로 이끈 계기가 되었다고 고백한다. 동명의 원작 소설을 바탕으로 하는 이 영화는 볼리비아를 배경으로 가난한 사람들이 벌이는 모험을 다루고 있다. 고향을 떠나 이곳에 모인 이방인들은 일자리가 없어 아우성이다. 그러던 어느 날 미국인들이 개발하는 유전에 화재가 발생하고, 미국인들은 니트로글리세린을 트럭으로 운반할 자원자를 모집한다. 2천 달러라는 거금이 걸려 있기는 하지만 충격을 받으면 폭발하는 위험천만한 물건이다. 목숨을 건 운반에 프랑스인 조와 마리오 그리고 다른 두 명이 자원하여 두 대의 트럭으로 운반을 시작한다.

영화의 긴장감 넘치는 장면은 운반하는 순간부터 시작된다. 스필버그의 〈대결〉(1971)이나 얀 드봉의 〈스피드〉(1994)

를 연상시키는, 도로 위에서 펼쳐지는 위기의 에피소드를 연속적으로 이어가면서 흑백영화임에도 불구하고 끊임없는 긴장감을 만들어낸다. 영화의 제목인 〈공포의 보수〉는 목숨을 건 운임료를 뜻한다. 길이 끊어지고 바위가 굴러떨어지는 등 온갖 위험한 상황에서도 일확천금을 꿈꾸는 인물들은 다양한 방식으로 위기를 헤쳐나간다. 하지만 다른 트럭의 운전수들이 폭발로 사라지고, 마리오가 차를 몰아 웅덩이를 건널 때 미처 트럭을 피하지 못한 조는 다리가 깔리는 사고를 당한다. 그러나 정해진 시간 내에 도달해야 하는 이들의 여정은 멈추지 않는다. 가까스로 목적지에 도착하지만 살아남은 것은 마리오뿐이다. 그는 죽은 조의 몫까지 포상금으로 챙기고 들뜬 기분으로 트럭을 몰고 돌아오던 중 아이러니하게도 벼랑으로 추락하여 최후를 맞이한다.

  남미를 배경으로 미국의 석유 개발과 몰락한 유럽인들이 몰려든 이 지역은 루저들의 세계다. 자본주의의 현실과 몰락한 인간들의 이야기가 뒤엉킨 배경이 어린 나이의 봉준호 감독에게는 속속들이 이해되지 않았을 것이다. 하지만 트럭을 몰고 운행하는 장면이 시작되면 긴장감이 화면을 메운다. 2천 달러를 벌기 위해 눈앞에 펼쳐지는 죽음과 공포를 견디는 모습은 그 자체로 기괴하다. 당대 흥행작이자 작품성 또한 인정받았던 이 작품은 프랑스 박스오피스 2위를 기록했을 뿐 아니라 칸영화제와 베를린영화제에서 모두 그 랑프리를 받았다.

중학교 시절 영화 잡지 『스크린』과 『로드쇼』를 사모았다. 변변한 영화 책이 없던 시절이라 『로드쇼』에 실린 '도시에dossier' 코너를 따로 모았다. 이 코너는 나중에 『영화에 대하여 알고 싶은 두세 가지 것들』(구회영, 한울, 1991)이라는 제목으로 출간되기도 했지만 봉준호 감독은 잡지에 실린 글을 따로 묶어 하나의 책처럼 탐독했다. 고등학교 시절 봉준호 감독의 형이 루이스 자네티의 『영화의 이해』의 숨은 번역자 역할을 했던 탓에 출간 전에 읽어보는 행운을 누린다. TV에서 방영되는 영화도 강박적으로 챙겨 보고 비디오테이프로 녹화했다. 'MBC 주말의 명화' 'KBS 명화극장'뿐만 아니라 주한미군 방송인 AFKN에는 놀랄 만큼 많은 영화와 애니메이션 그리고 음악 프로가 있었다. 'MBC 주말의 명화'로 할리우드의 영화를 주로 봤다면, 일요일 낮에 방영되는 'EBS 일요시네마'에서는 펠리니나 트뤼포 같은 유럽 예술영화 감독들의 작품을 접할 수 있었다. 무엇보다 AFKN은 금요일 미드나이트 시간에 존 카펜터나 브라이언 드 팔마의 B급 영화들을 방영해주었다. 키스 장면이 보고 싶어 〈제너럴 호스피털〉(1963~)을 악착같이 챙겨보기도 했다.

나중에 알게 된 것이기는 하지만 이러한 채널들을 통해 영국의 B급 영화제작사인 해머스튜디오의 호러 영화나 1970년대 미국에서 흑인 감독들이 흑인을 위해 만든 블랙스플로이테이션 영화를 접하게 된다. 국내에 덜 이야기된 측면이 있기는 하지만 봉준호 영화의 넘치는 에너지에는 블랙스플로이테이션 영화의 영향력이 깔려 있다.

　아시아 영화를 볼 기회는 상대적으로 드물었다. 1988년 연세대학교 사회학과에 입학한 봉준호 감독은 올림픽 이후 개방이 이뤄지면서 할리우드와 서유럽 이외 지역들의 영화를 볼 기회를 갖게 된다. 당시 유고슬라비아 감독으로 소개되었던 에밀 쿠스투리차의 〈아빠는 출장중〉(1985)을 피카디리극장에서 관람한다. 냉전 시대 이데올로기의 구분이 있었던 시기에 이 영화의 개봉은 이례적인 사건이었고, 올림픽 개최를 계기로 영화와 문화의 영역에서 개방의 물결이 밀려들어왔다. 연세대 사회학과를 선택한 데에는 고민이 있었다. 연극영화과를 생각했지만 성격상 면접을 보거나 기가 셀 것 같은 학과에 적응할 자신이 없었다. 다행히 1980년대를 풍미했던 당대 한국의 최고 감독이었던 이장호, 배창호 모두 영화과 출신이 아니었다. 봉준호 감독은 이들의 선례를 따라 일단 인문사회계열로 진학한 다음 영화 동아리 활동을 하면서 영화에 대한 고민을 계속해보기로 한다. 대학을 다니며 학과에 영화를 같이 보러 다니는 모임을 만들기도 했다. 영화 공부도 꾸준히 했다. 『영화의 이해』와 잭 C. 엘리스의 『세계 영화사』는 거의 외우다시피 할 정도가 되었다.

1990년에 단기 사병으로 입대하면서, 주말 시간을 이용해 '영화공간 1985'를 찾아간다. 이곳 프로그램 중 하나인 데이비드 보드웰의 『필름 아트』강연을 듣기 위해서였다. 이 책을 통해 국내에도 잘 알려진 미국의 영화학자 데이비드 보드웰은 부산국제영화제와 한국을 방문하기도 했다. 봉준호 감독은 벤쿠버영화제에서 보드웰과 처음으로 만났고, 홍콩국제영화제에서 함께 심사위원을 맡기도 했다.

영화 인생의 변곡점은 복학 후 최종태 감독과 후배 이동훈과 함께 연합 동아리 형태로 만든 '노란 문'에서의 3년간 활동이었다. 이곳은 학교에 소속된 동아리가 아니라 외부에서 만든 독립적인 동아리였다. 홍대 앞에 회원들이 매달 내는 회비로 운영되는 사무실이 있었다. 동아리 이름이 '노란 문'인 이유는 사무실 출입문이 노란색이었던 탓이다. 짐을 옮기고 톱질을 하고 문을 노랗게 페인트로 칠하면서, 기표와 기의가 일치하는 동아리를 만들자는 말이 나왔다. 그래서 이름을 '노란 문'으로 지었다. 다행히 '노란 문'은 성황을 이루었다. 영화 공부에 뜻이 있는 신촌 주변 대학생들이 몰려들어서 거의 마흔 명 정도 되는 동아리가 됐다. 아내도 이곳에서 만나게 된다.

'노란 문'은 시나리오, 연출, 비평 분과로 나눠서 활동했다. 봉준호 감독이 주도했던 연출 분과에서는 영화를 감상한 뒤 숏과 시퀀스의 구조 등 장면을 분석했는데, "다음 주제는 살인이야"라고 과제가 제시되면 〈대부〉(1972)와 〈양들의 침묵〉(1991) 등 수많은 영화의 살인 장면을 모아서 비교하고 분석했다. 사무실에는 세계 영화사의 걸작을 카피한 비디오테이프로 꽉 찬 책장도 있었는데, 봉준호 감독이 관리자였다. 장부를 만들어서 대여와 반납을 꼼꼼히 기재했고, 대여 기일을 지키지 않는 회원들은 지옥까지 쫓아가서 받아오겠다고 협박하기도 했다.

이 시절 〈룩킹 포 파라다이스〉라는 단편 애니메이션을 만든다. 공식적으로 알려진 단편 〈백색인〉(1993)보다 먼저 제작된 작품이다. 아르바이트로 산 캠코더를 이용해 고릴라를 일일이 움직이면서 한 프레임씩 '콤마 촬영'을 한 작품이다. 여러 가지 고민을 하던 시기였다. 촬영을 할까, 연출을 할까. 실사를 연출할까, 애니메이션 감독이 될까. 하지만 이 작품을 만드는 과정에서 많은 시간을 필요로 하는 애니메이션을 포기해야겠다는 생각을 한다. 사흘 동안 촬영한 작품의 길이는 겨우 10초 분량밖에 되지 않았다. 주인공 캐릭터인 고릴라를 촬영 종료하던 날 내던지면서 "야, 한 번이

라도 네가 좀 알아서 움직여봐!"라고 소리쳤다. 실사 촬영
은 배우들이 알아서 다 말하고 움직이니까 얼마나 편한 것
인지를 깨달았다. 완성된 〈룩킹 포 파라다이스〉는 '노란 문'
크리스마스 파티 때 스무 명 정도의 관객을 놓고 생애 첫
시사회를 가졌다. 그들이 작품을 본 유일한 사람들이다.

'노란 문' 주최 행사로 연세대 대강당을 빌려 영화제도 열
었다. 당시 대학 영화 동아리들이 비디오테이프를 복사하여
프로젝터로 상영하는 영화제를 곳곳에서 열었는데, 연세대
동아리 중 하나가 '성과 파시즘' 영화제를 열어 대박이 났다.
베르나르도 베르톨루치의 〈파리에서의 마지막 탱고〉(1972),
피에르 파올로 파솔리니의 〈살로, 소돔의 120일〉(1975), 오
시마 나기사의 〈감각의 제국〉(1976) 등을 무삭제 버전으로
상영하였고, 입장료도 천 원 정도였다. 당시 대학교 구내식
당 분식점의 짜장면이나 우동이 오백 원, 천 원 하는 시절이
었으니 아주 비싸지 않은 가격으로 쉽게 볼 수 없는 영화를
보여준다는 명분이 맞아떨어졌다. 대외적 명분은 '성과 파시
즘'이었지만, 널리 알려진 가장 야한 영화들이라는 이유로
상영회는 인기를 누렸다.

'노란 문'은 좀 다른 걸 해보자는 취지로 행사를 준비했
다. 봉준호 감독은 블랙스플로이테이션의 대표적인 감독인
스파이크 리의 〈정글 피버〉(1991)를 맡아 외교관을 부모로

둔 같은 과 친구에게 번역을 맡기고 자막을 넣는 작업을 했다. 준비한 영화제는 잘 안됐지만 〈백색인〉을 제작할 기회를 동아리 '노란 문'을 통해 갖게 된다. 완성된 작품은 1994년 신영청소년영화제에서 장려상을 받았다.

한국영화아카데미를 준비하면서 영어 듣기 시험 준비를 위해 학원에도 다닌다. 현재 영화진흥위원회에서 운영하는 (당시 영화진흥공사였다) 한국영화아카데미는 당시에는 1년의 교육 기간 동안 모든 것을 배우도록 되어 있었다. 2000년대 이후 등장한 한국의 유수 감독들이 그곳에서 배출되었다. 임상수, 장준환, 김태용, 최동훈 등이 아카데미 출신이다.

영화아카데미를 가는 데 결정적인 조언을 한 것은 단기 사병으로 입대한, 훗날 〈말아톤〉(2005)을 만든 정윤철 감독이었다. 군 시절 인사과 소속이었던 봉준호 감독은 정윤철 감독의 학적을 알고서 따로 불러냈다. 정윤철 감독은 정식 영화과를 다니고 있었다. 그에게 단편영화를 만들고 싶은 자신의 포부를 이야기했다. 그러자 그가 "영화아카데미 시험을 보십시오"라고 조언을 한다. 〈백색인〉을 포트폴리오 삼아 영화아카데미 11기에 입학한다. 동기는 장준환, 손태웅, 조용규, 최익환 등이 있다.

당시 한국영화아카데미는 남산에 있었고, 같은 건물에는 영화 시사실이 있었다. '남산 감독협회'라 불리는 이 건물에서 언론 시사회가 자주 열렸다. 아카데미 강의실 문을 열면 맞은편이 시사실이었다. 세트장도 건물에 함께 있었다. 언론 시사회를 하면 봉준호 감독 역시 다른 학생들과 함께 공짜로 시사회에 갈 수 있는 행운을 누렸다. 한번은 쿠엔틴 타란티노의 〈펄프픽션〉(1994)을 보고 충격을 받는다. 훗날 자기 영화의 열렬한 지지자인 타란티노를 직접 만나게 되는데, 그는 〈원스 어폰 어 타임… 인 할리우드〉(2019)로 여러 영화제 시상식에서 〈기생충〉과 경합을 벌이기도 했다.

봉준호는 동기였던 장준환 감독의 단편 〈2001 이매진〉(1994)의 촬영감독을 맡기도 했다. 아카데미 학생들끼리 출연, 스태프 등 품앗이로 다양한 경험을 한다. 아카데미 3차 실습작으로 〈지리멸렬〉(1994)을 만든다. 마지막 에피소드의 배경인 TV 프로그램 장면을 위해 실제 방송국을 섭외해볼까 하는 생각도 했지만 마침 영화진흥공사 남산 세트장에서 이명세 감독의 〈남자는 괴로워〉(1995)가 촬영중이었다. 조용삼 미술감독의 허락으로 촬영이 없는 일요일에 세트를 빌렸고, 뉴욕 맨해튼 야경이 나오도록 광장시장에 가서 대형 벽지를 구입하여 촬영을 무사히 마칠 수 있었다.

〈백색인〉을 본 박찬욱 감독은 준비중인 영화 〈부자유친〉의 시놉시스를 전해주면서 한 편의 시나리오로 만들어달라고 요청했다. 이 작품은 이무영 감독의 〈휴머니스트〉

⟨2001⟩로 완성되는데, 당시 봉준호 감독의 손에서 완성되지는 못했지만, 공식적으로 충무로와 접촉하는 계기가 되었다. 예정대로 완성했다면, 제작자에는 이준익 감독, 연출에는 박찬욱 감독, 시나리오에는 이무영, 봉준호 감독이 크레딧에 나올 예정이었다. 박찬욱 감독과 이러한 기회를 다시 갖게 된 것은 감독과 제작자로 만난 ⟨설국열차⟩(2013)에서였다.

영화아카데미를 졸업하고 충무로 진출을 고민한다. 많은 영화감독 후보생의 로망이었던 박광수, 장선우 감독의 연출부를 생각한다. 장선우 감독의 ⟨꽃잎⟩(1996) 연출부 면접을 보지만 떨어진다. ⟨지리멸렬⟩은 '제1회 서울영화제'에서 상영되었고, '이상한 영화'라는 타이틀로 영화마을에서 출시한 비디오에 수록되어 관심을 모은다. 이 작품은 1995년 가을 밴쿠버영화제에서 상영된다. 그곳에서 장선우 감독을 만나기도 했지만 두 사람의 인연이 이어지지는 않았다.

영화아카데미에서는 동문들과의 만남도 자주 있었다. 박종원 감독의 ⟨영원한 제국⟩(1995)에 아카데미 재학생들이 단체 엑스트라로 출연했다. 그후 박종원 감독이 공동으로 시나리오를 쓰자고 제안해 강준만 교수의 『김대중 죽이기』라는 책에서 아이디어를 빌려와 시놉시스를 쓰다가 무산됐다. 그리고 박종원 감독이 참여한 옴니버스 영화 ⟨맥주가 애인보다 좋은 일곱 가지 이유〉(1996)의 연출부로 참여한다. 아카데미를 졸업한 지 1년이 채 되지 않은 시점이었고, 그때 현장에서 슬레이트를 치며 처음으로 충무로를 경험한다. 봉준호 감독은 베테랑 스태프들이 참여하는 현장이 긴장되어 집에서도 반복적으로 연습한다. 그런데 첫번째 슬레이트를 치던 순간 너무 긴장한 나머지 새끼손가락이 끼어 이상한 소리가 났다. 촬영감독과 다른 스태프들을 방해하지 않으면서 재빨리 탁 치고 빠지는 게 쉬운 일이 아니었다. 촬영이 끝난 후 박곡지 편집실에서 편집 보조 일을 했다. 옴니버스 중 하나였던 박철수 감독의 작품은 결과물에서 빠지게 되었는데, 이 상황을 지켜보면서 현장의 또다른 무서움을 경험하게 된다. 아카데미 출신의 선배 박기용 감독과 함께 우노필름에 갔다가 차승재 대표와 인연을 맺는다.

우노필름에서 5년간 시간을 보낸다. 우노필름은 2000년에 '싸이더스'로 회사명을 바꾼다. 차승재 대표는 자신의 회사에 들어오면 "처음에 연출부 하고, 다른 감독 시나리오 각색 작업 하고 그다음 장편영화를 찍는다"라고 말했는데, 봉준호 감독은 〈모텔 선인장〉(1997)에 장준환 감독과 조감독으로 참여하여 박기용 감독과 함께 시나리오를 쓴 후, 〈유령〉(1999)의 시나리오를 쓰고, 그다음 해 〈플란다스의 개〉(2000)로 장편 데뷔를 한다. 아카데미 동기였던 장준환 감독도 비슷한 과정을 겪는다. 〈유령〉은 장준환 감독과 공동으로 집필한 작품이기도 하다.

생계를 위해 결혼식이나 회갑 잔치를 찍는 아르바이트도 했다. 결혼하고 나서는 태어난 아이에 대한 걱정도 많았다. 차승재 대표에게 〈플란다스의 개〉 이야기를 했을 때 "하여튼 뭔지는 모르겠고 써봐. 진행비는 나갈 거야. 가"라는 말을 듣고 속초에 있는 오피스텔에 가서 시나리오를 썼다. 그곳은 회사에서 마련해준 장소였고, 임상수 감독이 〈처녀들의 저녁식사〉(1998)를 쓴 곳이었다. 봉준호 감독은 이곳에서 고립감과 공포감을 느낀다. 그때의 심경은 코엔 형제의 〈바톤 핑크〉(1991)와 같은 것이었다고, 나중에 술회했다. 두 달 동안 한 줄도 쓰지 못한 채 서울 집으로 돌아와 아이와 시간을 보내며 일상을 회복한 뒤 시나리오를 쓰기 시작한다. 이 경험으로 자신은 고립된 장소에서 글을 쓰는 유형이 아니라는 것을 확신한다. 이때부터 카페 구석에서 글을 쓰는 습관을 갖는다. 지금도 새벽 다섯시 반 정도에 일어나 냉장고를 뒤져 아침을 해결한 후 집 근처 카페에서 글을 쓰는 습관을 유지하는 편이다. 감독들마다 한 편의 시나리오를 써나가는 유형이 다르기는 하지만 봉준호 감독은 시나리오 초고를 완성하는 데 오랜 시간이 걸리는 편이며, 초고 이후에는 많은 수정 없이 빠르게 진행하는 것을 선호한다.

〈플란다스의 개〉는 IMF가 끝난 이후 영화계에 몰려든 호황 덕분에 끼워팔기식으로 투자를 받아 제작할 수 있었다. 당시 싸이더스의 제작 작품이었던 김태균 감독의 〈화산고〉(2001)에 투자가 몰리면서, 〈플란다스의 개〉에도 투자를 해야 한다는 조건을 내건 것이다. 9억 정도의, 다른 영화들에 비해 저예산이었던 덕분에 특별한 간섭 없이 영화를 완성할 수 있었다. 1999년 9월 송파구 문정동에서 현남(배두나)이 우산을 쓰고 걸어가는 장면으로 촬영을 시작한다. 하지만 비평적으로는 미지근한 반응이었고, 흥행에는 참패한다. 한국영화아카데미를 졸업하고 〈플란다스의 개〉의 첫 촬영까지 4년 2개월의 시간이 걸렸다.

두번째 영화 〈살인의 추억〉(2003)은 빠르게 제작이 결정된다. 연극 〈날 보러 와요〉를 바탕으로 화성군 연쇄살인사건을 다룬 이 작품을 두고 차승재 대표에게 '주인공은 송강호'라고 말했다. 송강호에게 캐스팅 제안을 하기도 전이었다. 15초 만에 수락을 받고 제작에 들어간다. 준비하면서 많은 사건 관련자를 만난다. 이 사건에 사로잡힌 사람들의 증언을 들으며 화성군 연쇄살인사건이 잊히지 않는 영화로 만들고 싶다는 생각을 강하게 한다. 그의 생각은 성공한다.

〈살인의 추억〉의 비평적 성공과 흥행 이후, 다양한 작품 제작의 기회가 들어온다. 전주국제영화제의 제안으로 2004년에 선보인 '디지털 삼인삼색' 옴니버스 프로젝트에 일본의 이시이 소고, 중국의 유릭와이와 함께 참여한다. 나중에 공개된 세 편이 묶인 제목은 〈거울에 비친 마음〉(2004)인데, 그중 봉준호 감독이 만든 작품은 〈인플루엔자〉다. 디지털카메라로 만든 영화였다. 한국영화아카데미 출신 감독 스무 명이 아카데미 설립 20주년을 기념하기 위해 만든 옴니버스 프로젝트 〈디지털 단편 옴니버스 프로젝트 이공異共〉에 참여하여, 〈싱크 & 라이즈〉를 제작한다. 한강을 중심으로 삶은 달걀이 물에 뜨는지 가라앉는지를 내기하는 6분짜리 이야기는 〈괴물〉의 모티브를 실험한 것이기도 했다. 온라인과 2004년 미쟝센단편영화제를 통해 공개된다. 다양한 디지털 영화 제작이 붐을 일으키던 때였다.

〈괴물〉(2006)을 116회차로 완성한다. 〈괴물〉은 칸영화제 '감독주간'에 상영되었다. 칸영화제에는 여러 부문이 있는데, 감독주간은 공식 부문이 아니라 프랑스 감독협회에서 운영하는 독립 프로그램이다. 하지만 프랑스 비평가협회에서 운영하는 '비평가주간'과 함께 칸영화제의 한자리를 맡고 있고, '경쟁부문'이나 '주목할 만한 시선'에 상영되지 않는 훌륭한 거장들의 작품이 상영될 때도 많다. 감독주간에 초청받은 것을 계기로 봉준호의 이름이 널리 알려진다. 프랑스의 대표적 영화 잡지인 『카이에 뒤 시네마』와 인터뷰도 한다. 인터뷰의 제목이 'L'art du Piksari(삑사리의 예술)'였고, 이 제목은 한국에서 제작한 방송용 다큐멘터리에 등장하면서 유명해진다. 제목으로 쓰인 '삑사리'는 인터뷰 중에 〈괴물〉의 절정 장면을 설명하다 "남일이 괴물에게 화염병을 던졌는데 삑사리가 나면서"라는 말에서 가져왔다. 자신의 영화에 등장하는 아이러니와 유머를 설명한 말이었는데, 『카이에 뒤 시네마』 필진은 이를 봉준호 영화의 핵심으로 짚어냈다.

2008년, 레오 카락스, 미셸 공드리 감독과 함께 작업한 옴니버스 영화 〈도쿄!〉가 공개된다. 이 작품은 칸영화제의 주목할 만한 시선에 진출하였고, 이듬해 〈마더〉 또한 같은 부문에 상영된다. 칸영화제의 메인 상영관은 경쟁부문이 상영되는 '뤼미에르 극장'과 주목할 만한 시선이 상영되는 '드뷔시 극장'이라고 할 수 있는데, 첫 상영은 영화제의 집행위원장이 소개하는 것이 중요한 관행이다. 칸에서 〈마더〉 첫 상영 때의 기억이 있다. 칸영화제는 감독과 주연배우들이 극장 무대에 함께 서기는 하지만 마이크를 잡고 말하는 기회는 감독에게만 주어질 때가 많다. 그런데 칸영화제 위원장 티에리 프레모가 봉준호 감독의 말을 듣고 자리를 정리하려고 할 때 주연을 맡은 김혜자가 마이크를 황급히 부여잡고 말을 하기 시작했다. 당혹스러운 기운이 감돌았지만 모두가 한국에서 온 대배우의 열정에 격려를 보내며 뜨거운 환영의 박수를 쳤다. 봉준호 감독은 자주 배우들에게 마이크를 넘겨준다. 2019년 칸영화제 황금종려상을 수상했을 때에도 송강호 배우에게 수상 소감의 마이크를 돌리기도 했다.

〈마더〉 이후 칸의 아이들(칸영화제에 자주 상영되는 감독을 부르는 별칭이다)이 된 봉준호 감독은 2011년에 황금카메라상 심사위원장으로 참여한다. 칸영화제의 여러 시상 부문 중 하나인 황금카메라상은 좀 특별하다. 국제 경쟁부문과 주목할 만한 시선은 물론이고, 감독주간과 비평가주간 부문의 영화 중 첫 장편 데뷔작을 후보로 지정하고, 그중 한 편을 선정한다. 여러 부문에 걸쳐 있다보니 경쟁부문 심사에 비해 오히려 작품이 두 배 이상 많다. 하루에 꽤 많은 영화를 보아야 한다. 2011년 칸의 점심 자리에서 만난 봉준호 감독은 비평가주간 부문에 상영된 제프 니콜스의 데뷔작 〈테이크 쉘터〉(2011)를 흥미롭게 보았다는 이야기를 해주었다. 제프 니콜스의 데뷔작은 당시 칸에서 많은 이가 꼽은 영화이기도 했다. 이날 점심 자리에는 〈설국열차〉의 원작자도 참석했다. 봉준호 감독은 이때 신작을 준비하고 있었다.

국제적인 프로젝트 〈설국열차〉는 미국 배우조합의 규정에 맞춰 제작해야 했기에 빠르게 진행된 작품이다. 2개월

28일 만에 72회차를 촬영하였으며, 체코에서 세트로 진행했다. 이 작품으로 봉준호 감독은 틸다 스윈튼을 비롯한 국제적 배우들과 처음 작업하면서 외국의 영화 제작 방식을 경험한다. 〈설국열차〉의 국내외 흥행 성공 이후 넷플릭스의 제안을 받는다. 한국 돈으로 570억 원 정도가 투자된 〈옥자〉(2017)는 봉준호 감독의 작품 중 제작비가 가장 많이 투자된 영화이다. 넷플릭스의 특징은 무엇보다 감독에게 전권을 부여한다는 것이다. 해외 자본이 투입된 〈설국열차〉는 미국 개봉 과정에서 북미 배급을 맡은 와인스틴 컴퍼니와 상영본을 두고 실랑이가 있었다. 당시 봉준호 감독은 20분 정도의 분량을 편집해줄 것을 요구받았지만 온전한 감독판의 상영 요구 여론이 형성되면서, '롤 아웃 방식'이라는, 소규모 개봉 후 반응에 따라 극장을 늘려가는 방식으로 개봉되었다. 그 과정까지 1년 정도의 시간이 소요됐다. 〈옥자〉가 시나리오로 투자를 받는 과정에서도 여러 회사와 접촉이 있었다. 인디영화를 만드는 진취적인 회사의 경우는 300억 원 정도의 규모를 제안했다. 메이저 제작사의 경우는 책정된 예산이 높았지만 〈옥자〉의 시나리오에 등장하는 강제 교배 장면이나 도살장 장면의 삭제를 요구했다.

넷플릭스는 미국의 심의 기준인 R등급이어도 상관없다는 입장이었다. 제한상영가인 R등급의 기준에 따르면 17세

미만은 부모나 성인 보호자를 동반해야 한다. 대다수의 제작사나 미국의 감독들은 R등급 받는 것을 꺼린다. 넷플릭스의 파격적인 제안에 따라 봉준호 감독은 자유롭게 세계적인 촬영감독 다리우스 콘쥐뿐만 아니라 〈설국열차〉에 참여한 국제적인 배우들은 물론이고, 새로운 국내외 배우들과 함께 한국과 미국을 오가는 글로벌한 규모의 영화로 〈옥자〉를 완성한다.

〈기생충〉(2019)이 2019년 칸영화제에서 그랑프리인 황금종려상을 수상한다. 2019년은 한국 영화 100주년을 기념하는 해였고, 한국 영화가 황금종려상을 수상한 것은 처음 있는 일이었다. 동시에 국내 흥행에서도 천만 관객을 돌파하면서 봉준호의 작품 중 두 편의 영화가 그 자리에 오른다. 두 편 이상의 영화로 천만 관객을 돌파한 감독은 〈신과함께―죄와 벌〉(2017) 〈신과함께―인과 연〉(2018)을 만든 김용화 감독과 〈해운대〉(2009) 〈국제시장〉(2014)을 만든 윤제균 감독이다. 두 감독의 영화가 상업영화를 지향하는 반면에 봉준호의 〈괴물〉과 〈기생충〉은 예술영화로서의 평가를 얻어낸 경우다. 때문에 봉준호 감독은 국내외에서 보기 드물게 상업성과 예술성이라는 두 마리 토끼를 잡은 감독으로 평가받는다. 〈기생충〉은 골든글로브 외국어영화상을 수상하고 아카데미 여섯 개 부문의 후보에 오른다. 이중 총 네 개

부문에서 수상의 영광을 안는다. 한국 영화가 아카데미 공식 부문의 후보로 올라간 것도 처음이었고 주요 부문에서 수상한 것은 역사적이라고 부를 만한 사건이었다. 각본상을 수상하고, 과거에 외국어foreign language영화상이라 불리던 국제장편영화상Best International Feature Film을 수상한다. 외국어영화상이라는 명칭이 차별적이라는 여론에 의해 상의 이름이 바뀐 후 최초의 수상이다. 이어서 주요 부문 중의 하나인 감독상을 수상한다. 봉준호 감독은 마틴 스콜세지 감독의 "가장 개인적인 것이 가장 창의적인 것이다"라는 말을 수상 소감으로 전하면서 후보로 함께 오른 마틴 스콜세지 감독에게 존경심을 표했다. 뿐만 아니라, "아카데미가 허락한다면 이 상을 텍사스 전기톱으로 다섯 개의 조각을 만들고 싶다"고 하기도 했다. 영화 〈텍사스 전기톱 연쇄살인사건〉 (1974)을 연상케 하는 영화적 센스가 넘치는 표현이었다.

끝으로 작품상을 수상한다. 다른 부문과는 달리 작품상은 아카데미 회원들이 한 표씩 투표를 하는 것이 아니라 후보를 추려내는 투표 과정을 거치는 방식이어서 결과를 쉽게 예상하기가 힘들다. 2011년부터 후보작이 열 편으로 늘면서 다수결 투표의 문제를 해결하기 위해 채택한 '선호투표제' 방식은 아카데미 회원들이 작품상 후보에 오른 영화 전체를 대상으로 순위를 매긴다. 먼저 모든 심사위원이 꼽은 1위 표를 집계하여 이 가운데 과반 득표작이 있으면 곧바로 해당 영화를 수상작으로 결정한다. 문제는 과반 득표작이 없을 때다. 과반 득표작이 없으면 최하위 영화 한 편을 후보에서 제외하고, 최하위 영화를 1위로 꼽았던 심사위원들의 2위 영화를 1위로 계산하여 합산한다. 최하위 영화는 선정 목록에서 사라졌으므로, 이 영화를 1위로 꼽은 회원들의 2위가 새로운 1위가 되는 것이다. 과반 득표작이 나올 때까지 이 같은 과정을 반복한다. 다수가 좋아하는 영화를 선정하기 위한 셈법인데, 아무튼 이 상의 수상으로 아카데미 시상식 마지막 무대에 한국 영화인들이 대거 올라가는 이례적인 풍경이 연출됐다. 최근 아카데미는 인종, 여성 등 다양한 소재의 영화에 대한 관심을 수용하면서 자신들의 보수적인 영역을 확장하고자 하였는데, 이러한 관점에서 그해의 주인공은 〈기생충〉이었다. 영화의 내용 자체도 차별에 관한 것이었지만 비영어권 영화가 이처럼 주요한 부문을 휩쓴 것은 아카데미의 성격에 변화를 주었다고 평가할 수 있다. '영화'라는 언어가 '영어'라는 언어를 압도한 수상 결과였다.

chapter 2 ——

부치지 않은 편지

〈기생충〉의 마지막은 아들 기우와 아버지 기택이 편지로 연락하는 장면이다. 그날의 사건으로부터 시간이 흐르고 기우를 따라다니던 형사들의 미행도 뜸해질 무렵, 기우는 박사장의 집이 내려다보이는 야산에서 종종 시간을 보낸다. 한번은 왠지 춥고 힘이 드는데도 더 지켜보고 싶은 마음이 든다. 기우는 깜박거리는 거실 등을 본다. 그것은 모스부호였다. 기우는 휴대전화의 녹음 기능으로 신호를 받아 적는다. 첫 단어는 "아들아"다. 거실 등은 모스부호를 이용한 아버지의 편지였다.

아들아. 너라면 혹시 이 편지를 읽을 수도 있겠구나. 너는 보이스카우트 출신이니까 혹시나 싶어서 이런 식으로 편지를 써본다. 건강은 좀 회복이 되었느냐. 네 엄마야 뭐 심하게 건강할 테고. 나도 여기서 건강히 지낸다. 기정이 생각에 자주 울기는 하지만. 그날 벌어진 일들은 지금도 실감이 잘 안 난다. 꿈을 꾼 거 같기도 하고, 아닌 거 같기도 하고. 그때 대문을 나올 때 순간 깨달았다. 어디로 가야 되는지. 워낙 끔찍한 사건이 일어난 집이니까 당연히 집이 금방 팔리지 않을 테고. 그러다보니 새 주인 올 때까지 빈집에서 오래오래 버티느라 고생을 좀 했지. 그래도 집이 한동안 비어 있었던 덕분에, 그분 누구냐 저기 문 자 광 자 문광님을 예의를 갖춰서 보내드릴 수가 있었는데, 요즘 인기 있다는 수목장을 한 거니까 씨발 뭐 최선을 다한 거지. 근데, 부동산 새끼들이 역시 머리가 좋더라. 한국에 온 지도 얼마 안 되는 아무것도 모르는 놈들을 꼬셔가지고 결국엔 집을 팔더라고. 부부는 외국계 회사에, 애들은 외국인 학교에 다들 밖으로 나다니는 가족인데 너미 씨 붙박이 가정부가 24시간 집에 있다보니까 나는 부엌에 한 번씩 올라갈 때마다 목숨을 건다. 목숨을. 근데 독일 애들이라고 소시지랑 맥주만 먹는 건 아니던데 다행이지 뭐냐. 이곳에 있다보면 모든 것이 아련해진다. 오늘은 그나마 너한테 편지라도 한 통 썼구나. 밤마다 이렇게 편지를 꾹꾹 눌러서 보내다보면 언젠가는 네가 이걸 볼 날도 있을라나 싶다. 이만 줄인다.

기우는 집으로 돌아와 황급히 답장을 쓴다.

아버지. 저는 오늘 계획을 세웠습니다. 근본적인 계획입니다. 돈을 벌겠습니다. 아주 많이. 대학, 취직, 결혼, 뭐 다 좋지만 일단 돈부터 벌겠습니다. 돈을 벌면 이 집부터 사겠습니다. 이사 들어가는 날에는 저는 엄마랑 정원에 있을게요. 햇살이 워낙 좋으니까요. 아버지는 그냥 계단만 올라오시면 됩니다. 그날이 올 때까지 건강하세요. 그럼 이만.

아버지와 아들의 내레이션으로 전달되는 편지는 그날 이후의 상황을 상세히 전달한다. 기택의 편지는 현재 자신이 어디에서 살고 있는지를 알려주는 것이며(형사들이 그토록 궁금해하는 아버지의 행방), 기우의 편지는 "근본적인 계획"(영화에 빈번히 등장하는 말이다)이라는 말에서 알 수 있듯이 미래의 소망을 담고 있다. 딸 기정이 죽고, 기택은 살인을 저지르고, 엄마와 아들은 처벌을 받았지만 가족들 사이에는 아무런 문제가 없다. 상식적인 관계라고는 보기 힘든 측면이 있지만 아버지와 아들은 담담하게 현재의 상황과 미래의 소망을 나누며 서로의 안부를 확인한다. 그런데 기우의 내레이션이 흘러가면서 장면이 바뀌고, 눈이 내리는 창문 아래 반지하 집이 보이고, 편지를 들고 있는 기우의 얼굴과 함께 "그럼 이만"이라는 말로 영화가 끝나면 좀 당혹스러워진다. 왜냐하면 기우의 편지는 아버지의 손에 당도한 것이 아니기 때문이다. 편지를 부치거나 배송하는 장면도 없다. 설령 기우가 박사장의 집으로 편지를 보낸다고 해도, 언덕 위에서 모스부호를 보낸다고 해도 아버지가 받거나 볼 방법은 없다. 그렇다. 기우가 쓴 편지는 부치지 않은 편지다. 그런데 관객들은 아버지와 아들이 교신한 것 같은 기분이 든다. 영화의 편집에 의한 단순한 효과일까. 아니면 편집 이외에 다른 무언가가 있는 것일까.

'편지'를 둘러싼 유명한 분석 중 하나는 정신분석학자 자크 라캉이 쓴 『「도둑맞은 편지」에 관한 세미나』다. 에드거 앨런 포의 단편소설 「도둑맞은 편지」를 분석한 라캉의 세미나는 편지를 둘러싼 인물들의 관계를 분석한다. 줄거리를 요약하면 다음과 같다. 파리 경시청장인 G씨가 탐정 뒤팽을 찾아와 도움을 청한다. D장관이 고귀한 신분을 가진 한 여성의 편지를 훔쳤다. 경찰은 고귀한 여성의 요청으로 장관의 집을 수색한다. 경찰은 장관이 집을 비운 틈을 타 샅샅이 수색하지만 끝내 편지를 찾지 못한다. 경시청장은 한 달 후 뒤팽을 다시 찾아오고, 뒤팽은 경찰에게 편지를 건네주고 포상금을 챙긴다.

이야기는 두 장면으로 나뉜다. 첫 장면은 고귀한 여성인 왕비와 왕비를 찾아온 왕과 장관의 등장이다. 첫 장면에서 왕비는 S공작으로부터 편지를 받고 뜯어보려다 두 사람의 방문에 의해 황급히 편지를 책상 위에 놓아둔다. 장관은 한눈에 그 편지를 알아보지만 왕은 편지에 대해 모를뿐더러 관심이 없다. 장관은 왕과 왕비가 보는 앞에서 태연하게 편지를 바꿔치기하여 훔쳐간다. 왕비는 왕 앞에서 편지가 드러날 경우 생길 수 있는 위험성(편지를 보낸 사람과 왕비와의 스캔들 혹은 스캔들로 인한 국가적 문제 등) 때문에 장관의 행동을 저지하지 못한다. 왕비는 경찰에게 편지를 찾아달라고 요청한다.

두번째 장면은 첫번째 장면의 반복이다. 편지를 훔쳐간 장관은 이제 편지를 소유한 사람이 되며, 뒤팽은 단박에 그 편지를 알아본 사람이 된다. 경찰은 편지를 찾는 임무를 맡았지만 찾지 못한다. 그들은 수색을 벌였지만 아무것도 모르는 사람이다. 장관의 집을 방문한 뒤팽은 편지꽂이에 놓인 편지의 정체를 한눈에 알아챈다. 그는 거리에 소동을 일으켜 장관이 다른 데 관심을 쏟도록 한 뒤 미리 준비한 편지로 바꿔치기 한다.

라캉 분석의 흥미로움은 내용이 아니라 구조에 주목한 점이다. 라캉은 편지를 둘러싼 구도가 어떻게 반복되는지 설명하는 데 주력한다. 이 소설의 삼각 구도는 '편지를 소유한 자-편지를 알아본 자-편지에 대해 모르는 자'이다. 첫번째 장면에서 삼각형은 '왕비-장관-왕'이 되며, 두번째 장면에서는 '장관-탐정-경찰'로 재배치된다. 소설 어디에도 편지의 내용이 구체적으로 언급되지 않는다. 핵심은 누가 편지를 소유했는가이다. 장관은 왕비의 편지를 훔쳐감으로써 국정 운영을 마음대로 흔들기 시작한다. 장관은 결코 편지를 공개하지 않는데, 편지를 소유함으로써 권력을 쓸 수 있기 때문이다. 라캉이 에드거 앨런 포의 「도둑맞은 편지」를 분석하는 이유가 여기에 있다. 소설 속 모든 인물은 편지에 관심을 쏟는다. 이 편지를 소유한 사람과 알아본 사람만이 이 질서order의 게임에 동참한다. 공교롭게도 문자letter는 편지letter와 철자가 같다. 라캉은 「도둑맞은 편지」를 문자를 둘러싸고 벌이는 투쟁, 즉 현실세계의 상징적 질서를 이루는 언어를 누가 소유하는가 하는 문제로 이해한다. 이를 통해 편지(문자, letter)를 소유한 자가 상징적 질서의 권력을 차지하고, 언어(문자, letter)를 통해 진실을 파악한 자가 된다.

기우의 편지에 대해서도 같은 질문을 던지게 된다. 기우의 편지를 누가 소유하는가? 편지를 소유한 자는 비밀을 알고 있는, 문자 그대로의 권력이 되기 때문이다. 그리고 기우의 부칠 수 없는 편지는 누구를 향해 송신되는가?

라캉의 『「도둑맞은 편지」에 관한 세미나』에는 "편지는 언제나 수신자에게 도착한다"라는 수수께끼 같은 문장이 등장한다. 철학자 슬라보예 지젝은 이 문장을 분석하면서 "실질적으로 수신자에게 온전히 도달하는 유일한 편지는 부치지 않은 편지라고까지 말할 수 있다. 이때 편지의 진정한 수신인은 피와 살로 이루어진 타인이 아니라 바로 대타자다"라고 말한다. 부치지 않은 편지야말로 수신자에게 온전히 전달되고, 온전히 전달될 수 있는 유일한 수신자가 대타자라는 말은 선뜻 다가오지 않을 수 있다.

우선 대타자라는 개념에 대한 이해가 필요하다. 대타자는 일종의 가상적인 개념인데, 현실 속에 피와 살로 이루어진 타인을 소문자로 쓴 '타자the other'라고 부른다면, 대문자로 쓰인 '대타자THE OTHER'는 신이나 법 그리고 종교의 율법에 해당한다. 어떤 사람이 마트에서 물건을 훔치려 한다고 가정해보자. 물건을 훔치려는 사람은 먼저 그곳에 있는 사람들인 타자의 눈을 의식할 것이다. 그런데 집으로 돌아와서도 찜찜하고 불안하다면 이유는 대타자 때문이다. 대타자는 법, 윤리, 신처럼 어디서나 함께 있는 타자다. 죄를 지으면 지옥에 간다고 할 때, 무언가 불안한 것은 타자 때문이 아니라 대타자를 의식해서다. 이와 같은 대타자는 편지를 부치지 않아도 제대로 읽어줄 수 있는 유일무이한 수신자다.

부치지 않은 편지를 보관하는 것은 그것의 미래를 붙잡아 두는 것이다. 쓰지도 않고 보내지도 않은 편지도 특이하지만(우리는 자주 편지 초안을 썼다가 구겨버리곤 한다) 부칠 생각 없이 편지를 간직하는 것은 정말 특이하다. 편지를 간직함으로써 어떤 의미에서 우리는 그 편지를 결국 '부쳤다'고 할 수 있다. 그때 우리는 (편지를 찢어버리는 경우처럼) 편지에 담긴 생각을 포기하거나 말소시키는 것이 아니다. 반대로, 우리는 그것에 과도한 가치를 부여하는 것이다. 그렇게 함으로써 우리는 자신의 생각이 현실 속 수신자의 응시에 내맡겨지기에는 너무나 소중하다고 말한다. 현실의 수신자는 편지의 의도를 파악하지 못할 수도 있기 때문이다. 그래서 우리는 편지의 가치에 걸맞은 환상 속의 상대자, 가장 잘 이해할 수 있고 제대로 가치 평가를 해주리라 간주하는 사람에게 '보낸' 것이다.

지젝이 자넷 말콤의 「침묵하는 여성」에서 가져온 인용은 정확하게 대타자에게 편지가 어떻게 도착하는지를 설명한다. 기우의 편지는 부치지 못한다는 이유로 포기하거나 말소되는 것이 아니다. 반대로 편지에 과도한 가치를 부여할 수 있다. 그리하여 '근본적인 계획'이라는 강렬한 이름으로 부칠 수 없는 편지를 쓴다. 이 편지는 소망으로 가득차 있

봉준호의 영화 언어 _ chapter 2

다. 이 소망의 수신자는 단순히 현실의 타자인 아버지가 아니다. 아버지에게 편지는 결코 전달되지 못한다. 그래서 진정한 수신자는 자신의 계획을 알아봐줄 환상 속의 상대자다. 편지를 가장 잘 이해할 수 있고, 제대로 가치 평가를 해줄 사람이 누가 있겠는가? 편지를 읽지도 못하는 아버지도 아니고, 죽은 사람들도 아니다. 대타자는 처음부터 끝까지 자리에 앉아 영화를 보고 있는 관객이다.

이로써 관객들에게는 환상이 일어난다. 기우의 편지를 읽었기 때문에 관객에게 권력(문자, letter)이 부여되며, 나아가 아버지와 아들이 서로의 마음을 교환했다고 믿는 환상이 작동하기에 이른다. 기우의 편지뿐만 아니라 모든 편지를 온전히 받은 것은 관객뿐이기에 기우의 소망에 대한 온전한 이해도, 기우를 향한 날카로운 비판도 관객에 의해 가능해진다.

이처럼 봉준호의 영화는 자주 관객들을 향해 시선을 던져왔다. 〈살인의 추억〉의 마지막 장면은 1986년 살인사건이 일어난 때로부터 17년의 시간이 흐른 후인 2003년(영화가 개봉된 해이다)의 시점에서 출발한다. 영업 사원이 된 전직 형사 박두만은 사건이 일어난 현장을 지나가다 멈춰선다. 시체가 발견되었던 하수도 수로를 응시하는 박두만을 향해 길을 지나던 한 소녀가 무엇을 보고 있는지 묻는다.

소녀는 얼마 전에도 어떤 아저씨가 똑같은 행동을 했다고 말한다. 용의자가 아직 살아 있음을 시사하는 소녀의 증언과 박두만의 물음이 오가고 마지막 순간에 박두만은 카메라를 정면으로 바라본다. 주인공의 시선은 관객을 향해 있다. 그것은 마치 '나는 당신들 중에 범인이 있다는 것을 알고 있어'라고 말하는 것 같다. 혹은 '당신이 범인이지?'라고 묻는 것 같다.

〈살인의 추억〉의 결말을 두고 '열린 결말'이라는 표현을 종종 사용한다. 열려 있음은 다양하게 해석할 수 있는 결말임을 뜻한다. 그런데 박두만의 시선은 여러 해석을 열어두는 것이 아니라 관객에게 보내는 일종의 편지다. 관객들은 시선을 통해 보낸 편지를 받음으로써 권력을 얻게 되고, 이 사건에 대해, 이 살인범에 대해 판단할 힘을 얻는다. 봉준호의 영화가 문제적일 수 있는 것은 이처럼 대타자인 관객을 향해 최종 소유권을 보내기 때문이다. 그런데 이 편지는 종종 문제가 된다. 제아무리 대타자의 위치에 있다고 할지라도 감독이 보내온 영화라는 편지를 읽는 것은 부담스럽거나 익숙하지 않을 수 있기 때문이다.

이 책은 봉준호가 쓴 영화라는 편지를 상세히 읽는 작업이다. 때로는 편지의 전체 양식을, 때로는 인용되는 편지의 내용들을, 때로는 문장 하나를, 때로는 잉크의 종류를 판별

해가면서 필름 위에 눌러쓴 봉준호의 언어를 읽고자 한다. 가능하다면 독자들과 함께 새로운 편지를 쓰는 즐거움을 누렸으면 하는 계획이 있다. 그리고 또다른 수신자가 있다. 평론가의 글을 두고 작가와 예술가에게 보내는 하나의 편지라고들 하지만, 이 책의 독자 중 하나는 글을 쓰고 있는 평론가 자신이기도 하다. 운이 좋게도 1990년대 후반부터 평론을 쓰기 시작하여 한국의 주요한 감독들의 영화를 지켜보면서 여러 가지 일을 할 기회가 있었다. 이제 돌아다니던 행위를 멈추고, 그동안 본 것들을 정리하고자 한다. 〈기생충〉의 기우처럼 근본적인 계획에는 이르지 못하더라도, 최소한 기초적인 계획이 되기를 바라면서 편지 봉투를 개봉한다.

chapter 3 ———

추격하는 세계

추격의 형식

봉준호의 영화를 이해하는
여러 가지 방식이 있겠지만 단편 〈지리멸렬〉에서부터 〈기생
충〉에 이르기까지 반복적으로 등장하는 것은 쫓는 자와 쫓
기는 자의 추격전이다. 추격전은 작품 전체를 끌고 갈 뿐만
아니라 세부적인 디테일을 만들어낸다. 장편 데뷔작 〈플란
다스의 개〉는 아파트 곳곳에서 벌어지는, 잃어버린 개를 찾
는 추격전이다. 〈살인의 추억〉에서는 화성군의 형사들이 연
쇄살인범을 찾아다닌다. 〈괴물〉은 한강에 나타난 괴물에게
납치된 '현서'를 찾는 가족들의 추격전이다. 〈마더〉는 살인
용의자가 된 아들의 무고함을 증명하려는 어머니가 주인공
이다. 그녀는 아들의 누명을 풀기 위해 살해당한 여고생의
주변을 조사한다. 〈설국열차〉의 주인공 커티스는 꼬리 칸에
서 반란을 일으켜 엔진이 있는 열차의 앞쪽 칸으로 나아간
다. 잡혀간 꼬리 칸의 아이들 티미와 앤디를 찾는 것도 중

요한 목적 중 하나다. 〈옥자〉는 미란도 코퍼레이션이 데려간 슈퍼 돼지를 되찾으려는 소녀 미자의 추격전이다. 그녀는 산골에서 서울로, 서울에서 뉴욕으로, 뉴욕에서 도살장으로 추격해나간다.

2019년 칸영화제 황금종려상을 수상한 〈기생충〉에는 물리적인 추격전이 등장하지는 않는다. 그러나 인물들은 하나의 방향으로 움직인다. 친구를 대신하여 영어 과외 선생으로 들어간 기우는 박사장의 집에 자신의 가족을 위장 취업시킨다. 여동생은 미술 선생으로, 아버지는 운전기사로, 어머니는 가정부로 들어간다. 가족의 이야기라는 점에서 〈괴물〉과 유사해 보이지만 이들이 쫓는 것은 '괴물'이 아니라 '욕망'이다. 기우의 계획에 따라 박사장의 '집(부유함)'은 욕망하는 장소가 된다. 박사장은 자신도 알지 못한 채 기우의 가족에게 쫓기는 '괴물'이 된다.

추격전이 지닌 장점은 인물을 움직이도록 만든다는 것이다. 인물의 움직임에 따라 영화의 공간이 구축되고, 쌓여가는 장소들은 영화의 토대이자 작가가 보여주고자 하는 세계를 구축한다. 관객은 인물을 따라 그 공간 속으로 함께 들어간다. 추격전의 이야기하기는 시각적 장치로서 영화가 지닌 속성을 극대화하는 데 여러 가지로 유용하다. 범인을 찾고, 악당을 찾고, 억울한 도망자가 되어 탈출한다. 그것은 세상 안뿐 아니라 세상 밖으로의 추적이 되며, 인간들이 사는 나라는 물론이고 괴물들이 사는 나라의 여정으로 이어진다. 그 가운데 드러나는 세계의 풍경은 영화의 이미지를 구축하는 자연스러운 효과를 만들어낸다.

한 편의 영화는 추구, 모험, 추적, 구출, 탈출, 복수의 플롯을 통해 다양한 추격전을 선보인다. 추격전은 일정한 목표를 지니고, 그것을 성취하거나 비록 성취하지 못했다 하더라도 그에 상응할 만한 대가를 제공한다. 그런데 봉준호의 영화는 추격전이 제공하는 결론을 제대로 보여주지 않는다. 〈괴물〉의 가족들은 끝내 현서를 구하지 못하고, 〈살인의 추억〉은 연쇄살인범을 찾지 못하며, 〈기생충〉은 아버지 기택이 지하실에 숨어 지내는 것으로 마무리된다. 상응할 만한 대가도 주어지지도 않는다. 추격전은 예정된 목표 지점에 도달하지 않는다. 그렇다면 이를 대신하여 봉준호의 영화가 제공하는 것은 무엇일까. 봉준호의 영화가 선보이는 추격전의 형식을 따라가야 하는 이유가 여기에 있다.

봉준호는 자신의 영화가 목적지를 거짓으로 알려주는 버스와 같다고 비유한 적이 있다. 청량리에 간다고 승객을 태워놓고 왕십리에 데려다놓는다. 승객은 불평해야 마땅하지만 가는 도중 본 풍경에, 도착하고 본 풍경에 얼이 빠져 운전기사의 거짓말을 용서해줄 뿐만 아니라 심지어 감동하기조차 한다.(김영진, 「[신 전영객잔] 품었던 생각을 끊어버리다」, 『씨네 21』 920호, 2013. 9.)

영화라는 버스가 있다. 감독은 운전기사에 해당한다. 버스의 안내판이나 기사의 설명에 따르면 이 버스의 노선은 A에서 출발하여 B까지 가는 것이다. 그런데 버스에 타고 난 후 도착한 곳은 B가 아니다. 버스의 도착지는 B′이거나 심지어는 C 혹은 D일 수도 있다. 중요한 것은 관객(승객)의 반응이다. 애초에 안내된 B정류장에 도착하지 않았기에 분노를 터트리거나 항의를 해야 마땅하지만 감동의 눈물을 흘리는 사람들까지 있다. 엉뚱한 과녁에 화살이 맞았음에도 천만 관객을 돌파한 두 편의 영화를 만들어낸 감독을 단순히 행운아라고 부를 수 있을까.

버스의 비유에서 가장 먼저 고려해야 할 사항은 어떻게 버스에 관객을 태울까 하는 것이다. 이를 위해서는 꽤 많은 승객이 다니는 친숙한 노선을 고를 필요가 있다. 영화에 있어 대중에게 친숙한 것은 장르다. 서부극 하면 떠오르는 장소, 주인공의 복장, 선과 악의 구도 등이 있다. SF 하면 떠오르는 배경, 고난, 디스토피아적 풍경이 있을 것이다. 영화는 문학과 연극 그리고 수사학이 수천 년에 걸쳐 형성한 이러한 통념들을 단 몇십 년 만에 구축해놓았다. 자본의 투자가 다른 대중문화에 비해 컸던 영화는 최대한 많은 관객을 끌어모으기 위해 노력하였고, 이러한 산업적 노력은 장르라는 방식으로 자연스럽게 합의되었다.

봉준호의 버스가 승객들을 모으는 것은 장르의 호기심을 통해서다. 추격전이라는 형식은 다양한 장르를 아우를 수 있을 뿐만 아니라 목적이 있는 것처럼 선전하기에 용이하다. '농촌 스릴러'라는 홍보 문구로 〈살인의 추억〉을 관람하고, '엄마가 구해줄게'라는 홍보 문구로 〈마더〉를 보게 된다. 〈설국열차〉의 홍보 문구는 "17년을 기다린 멈출 수 없는 반란이 시작된다"이다. 그런데 영화를 보고 나서 생각하게 된다. 이 반란은 성공한 반란인가 아니면 실패한 반란인가. 장르를 가장한 버스, 목적지를 안내한 버스에 관객들을 태우지만 봉준호의 영화는 종종 기대와 다른 장소에 관객을 내려준다.

사실, 장르라는 개념은 고정된 것이 아니다. 프랑스어 'genre'에서 기원한 이 용어는 문학이나 수사학에서 하위 분류를 일컬을 때 쓰이는 개념이다. 경계, 틀이라는 뜻을 지닌 이 말은 대체로 각 예술 분야에서 작품의 주제나 전개해나가는 방식, 또는 분위기 등을 가리키는 기준을 뜻한다. 장르의 경계는 일정하게 예상되는 합의가 이어져오기는 했지만 절대적으로 준수해야 할 사항은 아니었다. 더군다나 오랜 세월에 걸쳐 형성되어온 문학과 수사학의 장르와는 달리 짧은 기간 형성된 영화의 장르는 다양한 요소들을 손쉽게 섞기 시작했다. 멜로드라마라는 장르를 예로 들어보자. 남녀 주인공의 사연을 다룬 영화도 멜로이지만, 가족들 간의 반목을 다룬 갈등의 드라마도 멜로이다. 이 때문에 멜로드라마를 세분하기도 한다. 남녀 주인공의 사연이 담긴 멜로드라마를 흔히 로맨스라 부르고, 가족들의 사연이 다뤄지는 멜로드라마를 가족 멜로드라마라고 부른다. 하나의 장르는 그 아래에 세분화된 장르를 포함한다. 멜로드라마가 활용되는 폭은 꽤 넓다. 다른 장르인 코미디, SF, 스릴러, 공포에서도 멜로드라마는 빠지지 않는다. 그럼에도 불구하고 관객들은 새로운 〈터미네이터〉 시리즈를 보러 가면서 멜로드라마를 보러 간다고 생각하지 않는다. 이 시리즈는 반드시 SF 영화 장르라고 생각하며, 일부 관객들은 액션 영화라고 기대할 것이다. 한 편의 영화에서 장르의 수용은 이처럼 복잡하고 미묘하다.

음악의 경우 구매하기 전에 미리 들어볼 수 있고, 디지털 시대로 전환된 이후 최소한 1분은 무료로 감상할 수 있다. 대략 4, 5분짜리 곡에서 1분의 미리 듣기는 20에서 25퍼센트에 해당한다. 소설의 경우는 시간만 허락한다면 서점에 나가 직접 확인해볼 수 있다. 그런데 영화의 예고편은 길어봤자 5분을 넘지 않는다. 120분 길이의 영화를 상정하면 5퍼센트 미만에 해당한다. 이를 통해 영화를 짐작하는 것은 쉽지 않다. 음원을 미리 공개하거나 소설의 줄거리를 미리 소개하는 것은 꽤나 보편적이다. 그런데 영화는 중반 이후의 상황이나 결말을 노출하는 것을 상당히 꺼린다. 1960년도에 알프레드 히치콕 감독은 〈싸이코〉를 개봉하면서 스포일러를 막기 위한 온갖 방안을 기획했다. 덕분에 영화의 사전 노출 정보는 제한되었고, 이것이 영화 홍보에 도움이 된다고 생각했다. 봉준호의 경우도 예외는 아니다. 〈기생충〉에서 근세 역할을 맡은 박명훈 배우는 영화의 홍보 단계에서 숨겨져왔다. 심지어 최초로 〈기생충〉을 공개한 칸영화제 레드카펫 행사에서도 근세 역을 맡은 박명훈 배우는 빠져 있었다. 그의 존재가 드러나는 순간 영화의 반전이 드러나기 때문이다.

이러한 사정들 때문에 영화의 장르는 영화를 선택하는 중요한 가이드가 된다. 〈살인의 추억〉은 범인을 찾는 범죄 스릴러를 표방하고 있으며, 〈괴물〉은 전통적인 할리우드 괴수 영화를 취한다. 〈설국열차〉는 미래의 세계에서 벌어지는 SF 장르를 표방한다. 옥자를 찾는 이야기, 연쇄살인범을 찾는 이야기, 개를 찾는 이야기, 아들의 억울함을 풀려는 엄마의 이야기, 부잣집을 잠식하는 가족 이야기, 꼬리 칸에서 앞칸으로 전진하는 사람들의 이야기라는 구조를 통해 스릴러, SF, 코미디의 장르를 아우른다.

중요한 것은 장르를 안내한 다음이다. 봉준호의 영화는 친숙한 장르물로 출발하지만(예고하지만), 일단 버스에 오른 승객들에게 짐짓 시치미를 떼고 장르의 법칙을 해체하거나 위반하는 데 골몰한다. 이것은 봉준호 감독뿐만 아니라 2000년대 이후 등장한 한국의 새로운 감독들(이제는 주요한 감독이 된 박찬욱, 봉준호, 장준환, 나홍진, 김지운 등)에게 나타나는 중요한 현상이다. 장르를 기반으로 하되 장르를 위반하는 이중의 전략은 한국 영화의 특징을 만드는 공통분모라고 할 수 있다. 이러한 현상이 나타난 첫번째 이유는 한국이 할리우드와 같은 대규모 영화 산업 국가에 속하지 않기 때문이다. 지역적인 규모는 장르의 변형이나 장르를 뒤바꿀 자유로움을 허락한다. 이를 로컬리티의 의식이라고 부른다. 두번째 이유는 2000년대 이후 등장한 감독들의 시네필적인 역량과 기질 덕분이다. 시네필 세대의 감독들은 기존의 영화 장르에 충실하기보다는 장르적인 것을 활용하는 데 관심을 기울인다. 영화의 기본 줄기는 장르의 관습을 따라가지만, 이들이 인용하는 영화적 장면이나 설정은 창조적인 변형을 거쳐 시각화된다. 2019년에 열렸던 BAFTA의 시나리오 작가 강의에서 봉준호 감독은 장르에 대해 다음과 같은 말을 남겼다.

"장르에는 어떤 규칙이 있고, 장르의 이러한 요소에 의존함으로써 세상의 현실과 인간이라는 의미의 본질에 더 쉽게 도달할 수 있다고 생각합니다. 〈설국열차〉에서는 공상과학 장르에 충실하려고 노력했고, 〈살인의 추억〉〈괴물〉에서는 서구 장르 영화의 관습을 한국을 배경으로 한 이야기로 가져와 장르의 관습을 뒤틀고 싶었습니다. 우리가 일반적으로 알고 있는 장르는 할리우드에서 20세기 중반에 완성되었지만, 이러한 장르를 내가 태어나고 자란 한국의 현실로 가져오면 오작동을 일으킵니다. 현실을 의식하고 감독인 제가 장르적 관습을 깨면 이야기가 갈라지기 시작하고, 그 틈새들을 통해 한국의 현실이 스며들기 시작합니다. 그것이 바로 여러분이 이상한 유머와 균열을 느끼는 가장 큰 이유입니다. 1986년 한국을 배경으로 하는 〈살인의 추억〉 초반부를 보면 제대로 된 경찰 라인이 설치되어 있지 않고, 범죄 현장은 엉망입니다. 이 장면은 여러분이 보통 보는 할리우드 스릴러 영화와는 상당히 다릅니다. 방금 보신 〈괴물〉의 경우 괴수 장르이지만 주인공들은 모두 낙오자입니다. 이 작품에서 여러분은 어떤 군인이나 과학자는 물론이고 사태를 해결하는 위대한 영웅 주인공을 볼 수 없습니다.

딸을 구하기 위해 애쓰고 있는 한심한 가족만 볼 수 있을 뿐입니다."

할리우드로 대변되는 영화 장르의 관습을 한국으로 가져온다는 것을 두고 로컬리티의 문제라고 말하기는 쉽다. 경찰이 등장하는 영화를 만들면서 할리우드처럼 전문가를 등장시키는 것이 아니라 어설프고 빈 구석이 많은 현실의 캐릭터가 대체되어 등장한다. 이 결합의 과정이 장르의 변형이자 한국 영화가 주로 시도해온 것들이다. 2000년대 이후의 주요한 한국 영화는 장르적 리얼리즘 위에 한국 사회라는 현실의 리얼리즘을 덧씌움으로써 풍성해지고 다채로울 수 있었다. 하지만 로컬리티보다 더 근본적인 성찰은 장르에 대한 자의식이다. 작품 전체를 통해 장르 영화에 대한 충분한 매혹을 드러내면서도, 과거 장르 영화에 대한 답습을 거부하고 자신의 생각과 스타일을 기입하려는 기질은 작가로 불리는 한국의 감독들이 지닌 고유한 특성이다. 봉준호 감독뿐만 아니라 2000년대 이후 주요한 한국 감독들은 장르적 변형이나 해체, 장르의 관습을 뒤틀고자 하는 시도를 통해 예술가로서의 감독이라는 자의식을 드러낸다. 이러한 흐름은 봉준호 감독에 의해 절정에 이르렀다. 그는 칸영화제 황금종려상이라는 작가적 야심을 성취한 감독인 동시에 할리우드 자본이 투입되는 영화를 지속적으로 제작할 수 있는 한국의 감독이 된 것이다.

〈살인의 추억〉은 스릴러를 내세우지만 곳곳에서 코미디 요소를 통해 숨이 막힐 것 같은 1980년대 한국 사회의 균열을 추적한다. 〈괴물〉은 괴수 영화의 관습을 취하지만 현서를 납치한 괴물을 추적하는 과정에는 코미디 요소가 전면에 드러나면서 우스꽝스러운 한국 사회의 현실을 보여준다. 〈마더〉는 살인극인 동시에 어머니를 중심으로 한 가족 멜로의 형태를 띠면서 한국 사회의 일그러진 모성과 광기를 드러내고 있다. 〈설국열차〉는 미래를 배경으로 벌어지는 SF 장르 속에 인류의 보편적인 계급 갈등과 더불어 혁명의 시간을 함축적으로 묘사하고 있다. 장르적 관습이 관객들을 이끌어가는 기본적인 노선이라면, 한국 사회 혹은 인류학적인 시선은 작가로서의 자의식을 드러내면서 버스의 종착역을 엉뚱한 곳으로 이끌어간다.

〈괴물〉이 다루는 괴수 영화의 장르적 시도는 괴물의 존재감이 점점 흐릿해지는 전개를 통해 무너진다. 괴물은 할리우드 영화의 고질라, 킹콩, 카이주처럼 한강을 초토화하거나 서울을 붕괴시키지 않는다. 영화가 다루는 괴물의 위력은 동물원의 맹수가 도시로 뛰쳐나와 뉴스로 다뤄지는 정도의 수준에 그친다. 가공할 만한 위력이 없고, 사회적으로 인식되지 않는 괴물의 존재감은 봉준호가 현실과의 관계

속에서 영화를 만들어가는 방식을 보여준다. 괴물은 관객들의 눈을 사로잡는 미끼에 불과하다. 정작 괴물은 사라지고, 그 자리에는 어리숙한 가족이 남는다.

버스를 타고 함께 가는 관객들은 예상한 목적지와는 다른 심연을 마주해야 한다. 괴물을 대신한 가족들의 콤플렉스와 사연을 들여다보는 것은 현실을 들여다보는 과정이 되기 때문이다. 추격의 대상이 사라진 자리에 남는 것은 현실이거나 현실이 담긴 심연이다. 그래서일까. 대상과 목적이 사라진 마지막 자리를 채우는 것은 관객의 몫으로 자주 돌려진다. 봉준호의 영화가 장르적 쾌감을 동반하면서도 그 이상을 생각하게 만드는 것은 신나게 타고 온 버스가 엉뚱한 목적지에 도착했을 때 버스 기사에게 항의하는 대신 질문을 하게 되기 때문이다. '내가 탄 버스가 맞나?' '여기는 어디인가?' 등. 이 질문은 한 편의 영화에 풍요롭게 탑승하는 방식이 된다.

쫓는 자와 쫓기는 자

추격전을 지탱하는 두 개의 축은 쫓는 자와 쫓기는 자의 대결 구도다. 추격전의 초반부는 쫓기는 자의 등장과 함께 시작된다. 중반 이후부터는 쫓는 자의 기세가 커진다. 추격전을 통해 쫓는 자와 쫓기는 자는 서로의 거리를 좁히게 되고, 두 개의 축이 부딪치면서 최후의 대결을 펼친다.

그런데 봉준호의 추격전은 거리를 좁혀가긴 하지만 다른 모습을 보여준다. 〈살인의 추억〉은 연쇄살인범을 쫓는 영화이지만 범인은 끝내 잡히지 않는다. 〈설국열차〉의 윌포드는 악당이라기보다는 자신이 만든 폐쇄적인 시스템을 유지하려는 인물에 가깝다. 옥자를 데리고 간 미란도 코퍼레이션의 CEO는 자본가의 전형을 보여주기는 하지만 그것은 계약에 따른 행위였다. 괴물은 유괴범이자 절대적 악의 화신이라 부를 수 있을지는 몰라도, 인간을 벗어난 존재이기에

죄를 묻는 것이 불가능하다. 봉준호 영화에서 쫓기는 자의
실체가 드러나지 않거나 절대적인 악이 아니라는 사실은
추격전의 동력을 방해하고 정당성의 위기를 가져온다. 〈살
인의 추억〉에서 용의자 박현규를 범인으로 확정짓지 못하
게 방해하는 미국 FBI의 DNA 검사 보고서는 형사들을 절
망에 빠뜨린다. 서류는 거짓말을 하지 않는다고 입버릇처럼
말하던 서태윤은 터널 속으로 달아나버린 박현규를 향해
총을 쏘아댄다. 동료 형사 박두만은 그를 만류할 수밖에 없
다. 박현규를 향한 총알은 정당성을 인정받지 못하기 때문
이다.

쫓기는 자의 모호함만이 문제되는 것은 아니다. 〈살인의
추억〉을 제외하고 대부분의 봉준호 영화에서 쫓는 자는 사
회적 약자이며 홀로 추격전의 책임을 떠안는 상황에 놓여
있다. 〈옥자〉의 미자처럼 돌봐주는 할아버지가 있다고 해
도 혈혈단신으로 모험을 떠나고, 〈플란다스의 개〉의 현남처
럼 아파트 단지를 홀로 뛰어다녀야 한다. 〈옥자〉의 미자는
산골 소녀이며, 〈플란다스의 개〉의 현남은 아파트 관리 사
무소의 말단 직원이다. 이들은 공적인 도움을 받지 못한다.
〈괴물〉의 강두는 딸에게서 전화가 걸려왔다고 경찰에게 설
명하지만 무시당할 뿐이다. 〈플란다스의 개〉의 현남은 개를
찾는 정의를 실천하다 업무 부실을 이유로 해고당한다. 〈마

더〉의 엄마는 한약재를 팔며 침술을 행하는 사이비 의료인
으로 등장하는데, 경찰서에 박카스 병을 돌리며 억울함을
호소하지만 경찰들은 관심을 보이지 않는다.

쫓는 자를 이용하는 배신자들은 넘쳐난다. 〈괴물〉의 남
일은 대학 시절 운동을 함께했던 동료에게 도움을 받으
려 하지만 그는 남일의 포상금을 노리고 몰래 신고를 한
다. 〈설국열차〉의 커티스는 자신들의 정신적 지주였던 길리
엄이 기차의 지배자 윌포드와 동반자 관계라는 사실을 알
게 된다. 〈마더〉에서 아들 도준의 친구 진태는 엄마를 돕
기는커녕 위자료를 달라며 위협하기 일쑤다. 예외적인 경우가
있다면 〈괴물〉의 남일을 도와주는 노숙자처럼 몇몇 작품에
등장하는 약자들의 연대가 있을 뿐이다.

추격전을 벌여야 하는 주인공들이 약자라는 것은 봉준
호 감독의 전유물만은 아니다. 2000년대 이후 한국 영화에
서 다양하게 변주되어온 '유괴' 영화는 억울한 피해자가 된
주인공들을 따라가면서 그들이 처한 현실을 보여주거나 현
실을 넘어설 수 없는 간극 앞에서 무릎을 꿇게 만들었다.

박찬욱의 〈복수는 나의 것〉(2002) 〈올드보이〉(2003) 〈친
절한 금자씨〉(2005)로 이어지는 복수 삼부작, 박진표의 〈그
놈 목소리〉(2007), 이창동의 〈밀양〉(2007) 이외에도 원신연
의 〈세븐 데이즈〉(2007), 방은진의 〈오로라 공주〉(2005) 등

수많은 유괴 영화가 2000년대 이후 한국의 중요한 감독들에 의해 제작됐다. 그런데 〈괴물〉이나 〈플란다스의 개〉에서 또렷한 납치 사건이 일어남에도 불구하고, 〈살인의 추억〉이나 〈설국열차〉에서 사건으로 인한 피해자들이 속출함에도 불구하고, 유괴와 납치의 관점에서 봉준호의 영화를 바라보는 경우는 많지 않았다. 그것은 봉준호의 영화가 전형적인 연쇄살인마를 보여주거나 유괴범의 악마적인 모습을 보여주지 않기 때문이다. 쫓기는 자의 악마성이 확보되지 않은 추격전은 막바지에 이르러 그 위력을 상실할 수 있다.

가장 극단에 서 있는 작품이 〈마더〉이다. 이 작품은 여고생 아정의 살인 용의자가 된 아들의 억울함을 풀기 위해 사투를 벌이는 어머니의 행적을 그린 영화다. 한약재를 팔며 근근이 살아가는 엄마를 돕는 곳은 없다. 경찰은 도준의 이름이 쓰인 골프공 하나만으로 도준을 범인으로 결론 내리고, 엄마는 마을의 변호사에게 도움을 청하지만 그가 원하는 것은 단순한 합의 처리와 돈뿐이다. 영화의 중반부까지 정신지체 아들의 무고함을 증명하려는 엄마는 피해자처럼 보인다. 어렵사리 진태의 도움을 받아 죽은 여고생이 숨겨둔 휴대전화를 발견한 엄마는 여고생의 죽음을 둘러싼 풍문의 실체를 확인한다. 쌀떡 소녀라 불리던 아정은 동네 남성들과 성매매를 해왔고, 휴대전화에 담긴 사진 속에는 아들 도준이 범인으로 지목한 고물상 노인이 있다. 엄마는 노인을 돕는 봉사활동자로 가장하여 노인을 찾아간다. 그런데 살인범이라고 생각했던 고물상 노인으로부터 듣게 된 놀라운 진실은 자신의 아들 도준이 진짜 범인이었다는 목격담이다. 〈마더〉는 관객의 기대를 저버린다. 엄마는 눈앞에 진실을 두고서도 보지 못한 것이다. 이어지는 장면은 더욱 충격적이다. 엄마는 유일한 목격자인 고물상 노인을 살해하고 불을 지르기에 이른다. 그가 증언한다면 아들의 범죄는 확정되어버리기에 엄마는 살인자의 길을 선택한다. 〈마더〉의 주인공은 정당성의 위기 차원을 벗어나 아예 살인자가 된다. 그리고 이러한 전환은 선과 악의 질서에 혼돈을 일으킨다.

봉준호의 데뷔작 역시 쫓는 자의 정당성을 문제삼는 영화다. 〈플란다스의 개〉의 주인공이자 대학 시간강사인 고윤주는 아파트에서 들리는 개 소리에 민감하다. 그는 임신한 아내로부터 구박을 받는다. 윤주는 쓰레기 분리수거를 하고 터덜거리며 들어오던 중 단지를 돌아다니는 강아지 한 마리를 발견한다. 윤주는 개를 납치하는 데 성공하지만 개를 처리하지는 못하고 지하실에 가둬버린다. 그런데 술자리에 참석한 후 돌아온 윤주 앞에 더이상 날 것 같지 않던 개 짖는 소리가 다시 들린다. 아파트 단지에 울려퍼지던 개 짖는 소리의 원인은 지하실에 가둔 시추가 아니라 옥상에서 무를 말리는 할머니의 치와와였던 것이다. 윤주는 황급히 지하실로 내려가보지만 개는 이미 사라진 후였다. 윤주의 납치 행각은 또 한번의 범죄로 이어지고, 이번에는 성공을 거둔다. 윤주는 개를 아파트 옥상에서 던져버린다. 아파트 관리소에서 일하는 현남은 친구와 함께 아파트 옥상에서 담배를 피우다가 개를 던지는 현장을 목격한다. 현남은 허겁지겁 윤주의 뒤를 추격한다. 그런데 개를 납치하고 살해한 윤주에게 아내가 사온 개 한 마리가 등장하면서 사태가 달라진다. 급기야 개와 함께 산책하던 윤주는 개를 잃어버리고, 가해자였던 윤주가 피해자가 되어 현남의 도움을 받는다. 〈마더〉〈플란다스의 개〉는 피해자가 가해자가 되거나 가해자가 피해자가 되어 추격전을 벌이는, 정당성의 위기에 관한 영화다. 영화마다 다르긴 하지만 봉준호 감독이 더 큰 관심을 두는 것은 쫓는 자의 위기다. 〈살인의 추억〉의 주인공이 연쇄살인범이 아니라 이를 추적하는 형사들인 것도, 〈기생충〉의 주인공이 집에서 벌어지는 상황을 모르는 박사장과 박사장의 가족이 아니라 기택의 가족인 것도 쫓는 자의 욕망과 변화에 초점을 맞추고 있기 때문이다. 봉준호의 영화가 다른 유괴 영화와 다른 것도 이러한 연유와 관련을 맺는다. 통상적인 유괴 영화가 유괴범의 범죄적 욕망과 원인에 관심을 갖는 것과는 달리 봉준호는 쫓는 자들의 내밀한 사연과 그들이 바라보는 현실에 주목한다.

이러한 전개의 고전적 사례는 존 포드의 서부극(서부극이야말로 추격전의 형식이 잘 드러나는 영화 장르다)이다. 존 포드의 초기작들은 선과 악의 구도 속에서 주인공과 인디언으로 대변되는 악당의 대립을 단순하게 다루었다. 그런데 중기에서 후기로 넘어가는 시기에 만들어진 〈수색자〉(1956)는 후반부에 놀랄 만한 상황을 연출한다. 코만치족 추장 스카는 이든의 동생 애런의 집에 침입하여 애런은 물론이고 사랑했던 제수 마사와 조카들을 살해하고 도주한다. 스카는 이든의 어린 조카 데비를 납치해 간다. 이든은 이 집안에서 업둥이로 자란 청년 마틴과 함께 동네 사람들을 모아 추격전을 벌인다. 스카를 쫓는 과정은 5년의 세월로 이어지고, 이든과 마틴은 결국 데비를 찾는 데 성공한다. 그런데 데비를 본 이든은 갑작스럽게 조카를 죽이려고 달려든다. 이 장면은 당혹스럽다. 〈수색자〉는 제목 그대로 조카를 찾는 추격전이었는데, 아이러니하게도 데비를 찾은 삼촌은 조카를 죽이려고 달려든다.

〈수색자〉는 미국 사회의 현실을 감안할 때 비로소 이해할 수 있다. 남북전쟁의 영웅이자 귀향을 선택한 이든이 가족들의 죽음 이후 추격전을 벌이고, 시간이 흘러 코만치의 아내가 되어버린 조카를 보았을 때 그에게 밀려온 것은 수치심이었다. 조카는 더이상 백인이 아니라 백인의 정체성을 잃어버린 가문의 딸이다. 이 상황을 타개하는 방법은 정체성을 지키는 것, 즉 조카를 죽이는 것이다. 5년간 지속해온 추격전의 명분을 위해서라도 데비는 죽음을 맞이해야 한다. 오랫동안 남북전쟁에서 활약했던 이든은 백인들의 세계, 가부장의 세계에 머물러 있었다. 어쩌면 이든이 추격한 것은 조카나 인디언이 아니라 자신이 지닌 오래된 신념이었는지도 모른다. 〈수색자〉에서 잘 묘사되고 있듯이 추격전은 단순히 시각적으로만 보이는 쫓고 쫓기는 세계가 아니다. 쫓는 자는 종종 자신의 신념을 따라간다. 그것은 한 인물을 구성하는 정체성의 문제인 동시에 추격전을 지탱하는 개인의 정당성이다. 우리는 이러한 정당성의 신념을 이데올로기라고 부를 수 있을 것이다. 마르크스가 허위의식이라 부른 '이데올로기'는 진실의 여부와 상관없이 한 사회의 구성원이 믿고 있는 신념이나 허상을 의미한다. 봉준호의 영화는 종종 이데올로기의 추격을 통해 관객들이 믿고 있는 신념을 여지없이 무너뜨린다. 〈마더〉가 대표적이다. 엄마는 아들을 향한 자신의 신념이 무너지는 것을 경험한다. 〈설국열차〉의 절정도 커티스가 윌포드의 말에 흔들리는 순간이다.

쫓는 자와 쫓기는 자는 자신도 모르는 사이에 닮아 있을 수 있다. 〈수색자〉가 보여주는 몇몇 장면들에서 존 포드는 이러한 순간을 연출한다. 쫓는 자인 이든과 쫓기는 자인 스카는 상대방의 언어를 잘 알고 있다. 또한 가족을 잃은 상처를 입은 자들이라는 점에서도 닮아 있다. 두 사람 모두 전쟁과 폭력으로 사랑하는 이들을 잃었고 인종적 복수심에 불타는 세월을 살아왔다. 서로 다른 진영에 속해 있기에 쫓는 자와 쫓기는 자의 운명으로 살았지만 같은 인종이었다면 서로를 가장 잘 이해하는 친구가 되었을 것이다.

〈수색자〉의 비밀이 여기에 있다. 쫓는 자와 쫓기는 자가 서로 닮아 있다는 것, 서로의 심연을 들여다보면서 가까이 놓인 존재라는 것은 니체의 『선악의 저편·도덕의 계보』에 등장하는 유명한 문구를 생각나게 한다. "괴물과 싸우는 사람은 그 싸움 속에서 스스로 괴물이 되지 않도록 조심해야 한다. 우리가 그 심연을 오랫동안 들여다본다면, 심연 또한 우리를 들여다보게 될 것이다." 괴물을 추격하는 자는 괴물과 같은 자신의 속성으로 인해 언제 괴물로 변해버릴지 모르는 스스로를 항상 경계해야만 한다. 추격자가 잠시 눈을 감은 사이 어느새 괴물이 되어버린 스스로를 발견할지도 모르기 때문이다. 〈마더〉의 엄마처럼, 〈기생충〉의 기택처럼. 괴물은 멀리 있는 것이 아니라 쫓는 자 안에 잠들어 있다. 쫓는 자의 위기는 이러한 심연을 발견하는 순간이다.

순환하는 폭력

〈설국열차〉에서 윌포드는 커티스가 앞칸까지 온 첫번째 혁명자라고 칭송하면서 자신의 자리를 대신해달라고 요청한다. 커티스는 윌포드의 제안에 흔들린다. 자신의 뒤를 이어 인류의 마지막 삶의 장소인 기차를 지켜달라는 요청은 꽤 윤리적으로 보이기 때문이다. 꼬리 칸에 탑승하여 살아오면서 온갖 차별을 받아왔고, 그로 인해 혁명을 일으켰지만 혁명의 마지막은 기차를 지키는 일일지도 모른다. 그런데 막힌 곳 너머를 내다보는 능력을 지닌 요나가 바닥을 들어올리기 시작한다. 무의식적으로 커티스는 요나를 돕는다. 그 안에는 꼬리 칸에서 잡혀간 아이들이 있었다. 윌포드는 망가진 부품을 대신하여 다섯 살 미만의 아이를 데려다가 기차를 돌린다고 설명한다. 작은 아이만이 그곳에 들어갈 수 있다. 윌포드는 조롱하듯이 꼬리 칸에서 아이들을 많이 낳는다고 덧붙인다.

영구적으로 보였던 기관차의 운명은 꼬리 칸의 아이들이 없으면 작동 불가능한 것이었다. 기차는 1년간 지구를 한바퀴 돌며 자급자족을 가능케 하는 순환 구조를 지녔다고 알려져 있지만 부품의 수명이 다하면서 꼬리 칸의 아이들이 비밀리에 활용되었다. 이를 깨달은 커티스가 윌포드를 향해 분노의 주먹을 날린다. 순환의 비밀을 깨닫기 전까지 기차의 시스템은 완벽한 것이었고, 그것은 기차에 탑승한 모든 인물을 가르는 행동 강령이자 이 세계를 지탱하는 신념이었다. 〈설국열차〉는 폐쇄적인 세계의 환상을 무너뜨린다. 하지만 봉준호의 영화에서 더 자주 발견되는 것은 순환하는 시스템 속에서 제자리로 돌아가는 경우다. 그것은 인물들 사이에, 사건을 둘러싼 오인과 오해와 함께 구축된다.

〈마더〉에서 고물상 노인이 증언하는 도준의 살인 장면은 오해의 연쇄반응이다. 술에 취해 여고생 아정을 따라가던 도준은 "남자가 싫으니?"라는 말을 던진다. 아정은 "남자가 싫어. 그니까 말 함부로 하지 마, 이 바보 같은 새끼야"라고 답한다. 단 두 마디의 말이 작은 동네를 떠들썩하게 한 살인사건을 일으킨다. 그런데 이 말은 오해의 결과였다. 쌀떡소녀라는 별명을 지닌 아정은 가난 때문에 동네 남자들과 매춘을 하는 여고생이었고, 아정에게 "남자가 싫으니?"라는 말은 "이 창녀야!" 하는 말로 들렸다. 아정은 자신을 무시하는 발언을 한 남자 도준에게 "이 바보 같은 새끼야"라는 말을 던진다. 또다른 오해가 발생한다. 엄마로부터 '바보'라는 말을 들으면 참지 말고 공격하라는 이야기를 들었던 도준은 아정의 말을 자신을 무시하는 것으로 오해했다.

두 사람은 서로 모르는 사이다. 도준은 단순하게 한마디를 던졌고, 그것은 돌이킬 수 없는 오해의 폭풍이 되어 돌의 폭력이 된다. 도준은 아정이 자신에게 던진 거대한 돌을 집어들고 아정을 향해 던져버린다. 그런데 이 돌은 정확히 아정을 가격하여 죽음에 이르게 한다. 살해의 의도나 고의성이 없었지만 끝내 한 여고생을 사망에 이르도록 만든다. 그런데 두 사람이 실랑이를 벌이는 장면을 목격한 노인의 증언은 또다른 살인을 일으킨다. 엄마 혜자는 노인을 유력한 용의자로 생각하고 접근하였지만 그의 증언을 통해 자신의 아들이 범인이라는 것을 확인하게 되고, 경찰서에 전화하려는 노인을 막기 위해 살인을 저지른다.

〈마더〉의 살인은 말과 관련을 맺는다. 말은 폭력을 낳고, 폭력은 다시 말을 낳으며, 그 말은 목격자의 죽음을 부른다. 흥미로운 것은 말과 폭력을 순환하는 이들의 계급성이다. 동네의 가난한 소녀, 고물상 노인, 시골 약재상과 같은 하층 계급들의 살인은 다른 계급이나 세계로 확장되지 못한 채 서로의 계급적 분투 안에서 말과 폭력 사이를 오가며 서로를 죽인다. 그것은 무계획에 의한 살인이다. 폐쇄적인 순환의 정점을 찍는 장면은 도준을 대신하여 새로운 범인으로 지목된 종팔이 등장하는 대목에서다. 약재상으로 찾아온 형사는 진범이 잡혔다는 말을 들려주고, 엄마는 종팔을 방문하기로 작정한다. 기도원을 탈출한 종팔의 셔츠에서 혈흔이 발견됐다고 한다. 그는 아정과 사랑을 나누다 그랬다고 말하지만 받아들여지지 않는다. 그런데 종팔을 보는 순간 엄마와 관객들은 목격하게 된다. 종팔은 도준보다 더한 지적장애를 지닌 인물이라는 것. 이들의 폭력과 오인은 계급의 폐쇄성 속에 갇혀 맴돌고 있다. 엄마는 종팔에게 말을 건넨다. "너 부모님은 계시니? 엄마 없어?"

〈기생충〉의 경우도 비슷하다. 박사장 가족은 막내 다송을 위해 모두 캠핑을 떠났고, 텅 빈 집은 기택 가족이 차지한다. 하지만 해고된 가정부 문광이 돌아오면서 아무도 모르던 이 집의 비밀이 드러난다. 지하 공간과 그곳에서 몇 년째 살고 있는 근세의 등장은 보이지 않던 이 집의 비밀이 드러나는 순간이다. 근세의 등장으로 〈기생충〉은 '박사장 가족 대 기택 가족'이 아니라 '기택 가족 대 근세 가족'으로 대결 구도가 바뀐다. 다음날 막내를 위한 깜짝 파티가 정원에서 열리고, 기우는 지하에 묶어둔 문광과 근세 부부를 처단하기 위해 집에서 가져온 돌을 안고 내려간다. 그런데 뇌진탕으로 죽은 문광 옆에서 기회를 엿보던 근세가 기우를 공격하면서 상황이 역전된다. 근세는 돌로 기우를 내리치고, 정원으로 나가 케이크를 들고 있는 기정을 칼로 찌른다.

근세는 어째서 기정을 찔렀을까. 이어지는 장면들은 살인의 연속이다. 엄마 충숙이 달려와 근세를 제압하고 요리용 꼬챙이로 옆구리를 찌른다. 그런데 근세 밑에 깔려 있는 자동차 열쇠를 주우려던 박사장이 코를 막으며 냄새를 역겨워하자 기택이 칼을 들고 박사장에게 달려든다. 이 모든 것은 계획되지 않았다. 계단을 올라오는 문광에게 충숙이 발길질을 한다. 아래로 굴러떨어진 문광은 뇌진탕으로 죽음을 맞이한다. 이 죽음은 근세의 복수심을 불태우지만 충숙을 찾던 근세의 칼은 엉뚱하게 기정을 찌른다. 요리용 도끼를 들고 돌진하는 충숙과 근세가 사투를 벌이고, 충숙은 근세를 제압한다. 그런데 근세의 몸에 깔린 자동차 열쇠를 주우려는 박사장에게 또다시 기택의 칼이 들어간다. 난장판이 벌어진 정원에서의 살인은 각자가 맞이한 충동과 오인의 연쇄작용이었다.

이들의 살인은 일관되게 폐쇄적인 순환 속에 갇혀 있다. 그 가운데 비밀이 유지된다. 〈마더〉에서 아들 도준을 제외하고는 엄마의 살인을 아무도 알아차리지 못하며, 〈기생충〉에서 사라진 기택이 어디에 있는지 편지를 받은 기우를 제외하고는 아무도 알지 못한다. 〈설국열차〉의 윌포드가 말한 것처럼 태어난 사람들은 자신의 칸에서 살아야 하는 운명과 질서가 있고, 혁명이 일어나지 않는 이상 쉽사리 자리는 바뀌지 않는다. 설국열차가 일정한 상징을 갖는 것은, 흡사 봉준호의 영화 세계처럼 그 안에서 자족적으로 순환하는 운명을 보여주기 때문이다. 〈플란다스의 개〉에서 윤주는 개를 찾고 예정대로 교수가 된다. 개 찾는 일을 도와준 현남과의 사이에 진심이 통했다고 해도 현실은 끝내 바뀌지 않는다. 〈살인의 추억〉은 17년 후 첫 살인사건이 일어난 자리에 범인과 전직 형사가 번갈아 등장한다. 〈마더〉는 영화 초반과 마찬가지로 관광버스 안에서 홀로 춤을 추는 엄마를 보여준다. 비밀을 간직한 엄마는 끝내 홀로 춤추는 자가 될 것이다. 〈괴물〉은 현서의 죽음 대신 현서가 돌보아주던 세주와 함께 있는 강두의 모습으로 끝이 난다. 〈기생충〉은 근세가 머물던 지하에 기택이 머물게 되면서 마무리된다. 순환하는 폭력, 순환하는 자리, 순환하는 비밀 속에서 변하지 않는 세계의 끝을 봉준호의 영화는 보여준다.

쫓고 쫓기는 봉준호의 추격전이 이처럼 순환하는 구조를 가지고 있다는 것은 일관되게 비극적인 정서와 세계관을 가지고 있음을 보여주는 것이기도 하다. 범인을 찾고, 주어진 현실을 타개하기 위해 혁명을 일으키지만 그들이 마주하는 것은 바깥으로의 탈출이 아니라 〈설국열차〉의 아이들처럼 또다른 부속품이 되어 기차 밑에 놓이는 것이다. 바뀌지 않는 현실은 인물의 행동을 덧없게 만든다. 〈기생충〉의 기택의 경우도 마찬가지였다. 냄새 운운하는 박사장의 모습에 분노를 느끼고 칼을 찌르지만 현실은 그를 근세가 살던 지하로 내려가게 만든다.

〈옥자〉가 예외적으로 보일 수 있을 것이다. 그러나 미자는 옥자와 함께 도살장의 많은 슈퍼 돼지 중 어린 돼지 하나만을 겨우 숨겨 데려올 수가 있었다. 봉준호의 현실은 폐쇄적인 구조 속에서 자본과 권력과 계급적 현실이 쉽게 바뀔 거라고 상상하지는 않는다. 그의 영화가 보여주는 순환의 고리를 끊는 유일한 방법은 〈설국열차〉처럼 달리는 기관차를 폭파시키는 것뿐이다. 그럴 때에야 비로소 추운 대지 위에 발을 딛고 인간은 또다시 살아갈 수 있을지를 고민하게 된다. 하지만 대부분의 봉준호 영화에서 추격전은 제자리로 돌아오는 거대한 순환의 기관이다. 폭력과 살인은 이러한 폐쇄성에 균열을 내려는 시도이자 추격전의 과정에서 일어나는 거대한 폭발이다. 그 폭발은 정오에 일어난다. 〈살인의 추억〉〈마더〉〈기생충〉이 보여주듯이 대다수의 의문스러운 사건은 한밤에 몰래 일어난다. 부녀자의 연쇄적인 죽음도, 여고생 아정의 죽음도, 가정부 문광의 죽음도 한밤중에 일어나는 사건이다. 그러나 의문을 쫓는 추격전은 끝내 한낮의 폭력으로 전환된다. 서태윤은 한낮의 기차 터널 앞에서 어둠(박현규, 터널)을 향해 총을 쏘고, 엄마는 한낮에 고물상을 찾아가 한밤중의 목격자인 노인을 살해하고, 근세는 정오의 파티장에서 아내를 죽인 충숙의 이름을 외치며 살인을 저지른다. 정오의 폭발 이후 추격전은 더이상 진행되지 않으며, 관객들은 버스에서 내릴 준비를 한다. 이러한 폭발은 영화 장르의 상투적인 결말을 대체하면서, 버스가 목적지를 지나거나 비켜서 도착하는 것을 정당화한다. 이것이 봉준호 영화의 추격전이 보여주는 장르의 변형과 창조다. 한낮에 한강의 살인으로 시작한 〈괴물〉(〈살인의 추억〉은 한낮에 시체가 발견되며 시작되지만 사건이 일어난 것은 한밤중이다)을 제외하고는 밤으로부터 낮으로의 전환이 폭력의 순환과 함께 봉준호 영화의 시간적 순환을 이룬다.

이것은 동시대 한국 영화에서 발견되는 특징이기도 하다. 박찬욱의 〈올드보이〉 〈박쥐〉와 같은 영화에서도 정오의 폭발을 볼 수 있으며, 나홍진의 〈황해〉 〈곡성〉에서도 경험할 수 있는 버스의 동선이다. 영화가 진행될수록 폭발을 위한 에너지는 거세지고 난장판의 광풍이 몰아친 뒤 관객들은 아드레날린의 분출 속에서 멈춰 선 영화의 여정에 안도의 숨을 내쉰다. 그러나 극장을 나와서도 마음을 놓을 수는 없다. 어둠의 극장을 벗어나면 자신이 서 있는 현실이 방금 폭발을 목격했던 한낮의 시간임을 자각하기 때문이다. 그것은 스크린을 넘어 확장되는 순수한 순환의 경험을 이룬다.

chapter 4 ————

괴물의 시학

한국 영화의 괴물

오늘날 떠오르는 괴물의 모습은 할리우드 영화로 친숙해진 캐릭터들이다. 죠스, 킹콩, 고질라, 쥐라기의 공룡 등 다양한 괴수들이 스크린에서 탄생하거나 부활한다. 여기에 할리우드 히어로물의 중심이 된 '마블'의 괴물들이 더해지면서 우주와 시공의 차원을 넘나드는 존재가 눈에 띄게 늘어났다. 고전적인 괴물도 꾸준히 인기를 누린다. 〈콩: 스컬 아일랜드〉(2017)나 〈쥬라기 공원〉(1993~) 시리즈는 태고의 신비를 간직한 거대 생물체의 생존과 부활을 다루는 스테디셀러다.

그런데 자본과 기술력을 동원해야 하는 괴물의 출현은 한국 영화의 역사에서는 드문 사건이었다. 1967년에 선보인 김기덕 감독의 〈대괴수 용가리〉는 일본의 '고지라 시리즈'에 영향을 받아 제작된 괴수 영화였고, 일본의 스태프들이 참여하여 미니어처와 괴물 캐릭터를 구현하였다. 같은 해에 제작된 권혁진 감독의 〈우주괴인 왕마귀〉는 일본 TV에서 인기를 누린 〈울트라맨〉(1966)이나 〈마그마 대사〉(1966)를 떠올리게 하는 작품이다. 거대한 것을 향한 판타지는 1976년에 개봉한 〈로보트 태권브이〉를 통해 대중화되는데, 이 작품은 1972년부터 일본의 TV 시리즈로 유행한 〈마징가 Z〉의 영향 아래 있었다. 1990년대 이전까지 한국 영화에 등장하는 거대 괴물이나 거대 로봇은 일본 문화의 영향 속에서 제작되었다. 일본 문화 개방이 한국에서 본격적으로 이뤄지기 전까지 일본 문화는 은밀하면서도 노골적인 참조점이었다.

1990년대에 괴물을 즐겨 등장시킨 감독은 코미디언으로 더 유명했던 심형래다. 코미디 캐릭터를 바탕에 깔고 한국 영화사에서는 보기 드물게 어린이 장르를 개척해나간 심형래는 B급 영화와 괴수 영화의 제작을 꾸준히 이어간다. 성공과 실패를 거듭하면서 2007년 〈디 워〉의 흥행으로 화제에 오른다. 〈디 워〉는 엔딩 자막에 등장하듯이 할리우드를 의식한 작품이었다. "야심작이었던 〈용가리〉가 개봉되자 모두가 실패작이라고 비난했다. 하지만 〈용가리〉는 대단한 일을 해냈다. 미국 비디오 대여점에 꽂혀 있는 〈용가리〉를 보면서 나는 할 수 있다는 마음이 생겼다." 오래전 논쟁을 일으켰던 '애국 마케팅'에 대해 거론하고 싶지는 않다. 다만 한국 괴수 영화가 미국 비디오 대여점에 꽂혀 있다는 사실이 심형래 감독에게 〈디 워〉를 제작하는 동력이었음을 환기하고자 한다.

한국 영화의 괴물은 두 문화권의 영향 아래에서 탄생했다. 1990년대 이전의 괴수 영화들이 주로 일본의 영향 아래 있었다면, 1990년대 이후는 미국 문화로 전환된다. 한국 영화의 괴물은 이식된 문화였고, 새로운 괴물을 탄생시키는 과정은 해외의 기술력을 가져오는 작업이었다. 괴물의 탄생은 기술과 상상력을 이식해와야 하는 혼종의 탄생이었다. 그것은 연속성을 만들지 못한다. 〈대괴수 용가리〉는 당시 제작비의 세 배에서 네 배에 해당하는 비용이 투자됐고, 흥행 성적도 나쁘지 않았지만 일회적인 시도에 그치고 말았다. 2000년대 이후 한국 영화 산업의 기술도 빠르게 성장해왔지만 스크린 속 괴물의 출현은 여전히 드물었다. 2008년에 선보인 사람을 먹는 식인 멧돼지를 다룬 〈차우〉, 2011년에 선보인 〈7광구〉의 해양 괴물, 2018년에 선보인 〈물괴〉에 등장하는 상상 속 괴물은 간헐적으로 등장하는 괴물 영화를 되풀이한다. 이처럼 탄생과 죽음을 반복해온 한국 영화의 괴물 중에서 이채로운 캐릭터는 1962년 광성영화사에서 만든 김명제 감독, 최무룡, 엄앵란 주연의 〈불가사리〉다. 고려 말을 배경으로 역적에 의해 억울한 죽음을 당했던 청년

이 원한에 사무쳐 쇠를 갈아 마시는 불가사리로 환생한다는 이야기를 다루고 있는데, 1962년에 선보였던 〈불가사리〉는 현존하는 필름을 확인할 수 없지만 1985년에 북한에서 활동하던 신상옥 감독에 의해 리메이크된다. 신상옥 감독의 〈불가사리〉는 그가 한국으로 다시 돌아온 이후 국내에서 개봉한 바 있다.

한국의 민담과 설화적인 요소를 활용한 불가사리는 용이나 고지라와 같은 거대 괴물의 계보와 연결되지만 남다른 특징이 있다. 그중 하나가 쇠를 먹고 성장한다는 점이다. 불가사리는 혼란 자체를 상징하기도 하지만 민란과 전쟁의 상징인 쇠를 먹어치운다는 점에서 종결자 캐릭터이기도 하다. 파괴하는 동시에 구원하는 불가사리의 능력은 서구의 메시아니즘과도 연결되는 상상력을 제공한다. 불가사리라는 이름은 파괴할 수 없는 튼튼한 육체를 가진 탓에 죽일 수 없다는 '불가살不可殺'에서 왔다고 전해지는데, 쇠를 먹고 점점 자라나는 부분은 이식된 괴물들과 확연히 차별되는 요소였다. 무엇보다 원한에 사로잡힌 청년의 환생이라는 점에서 불가사리는 민중의 편에 서 있다.

2000년대 이후 한국 영화의 블록버스터의 특징은 괴물이 아니라 괴물과도 같은 존재가 등장하는 영화들이다. 천만 관객을 돌파한 작품들은 한국형 블록버스터 영화의 원

형을 이루는데, 천만 영화의 시작을 알린 〈실미도〉(2003)는 북파공작원으로 훈련받은 군인들이 국가에 저항하는 괴물로 변모하는 과정을 그려낸다. 〈실미도〉의 바통을 이어받아 천만 흥행을 이끌어낸 〈태극기 휘날리며〉(2004)는 남한의 가족을 책임지던 진태(장동건)가 북한의 괴물 같은 군인으로 변모하는 과정을 보여주는 작품이다. 두 작품의 주인공들은 전쟁과 냉전의 시대에 국가에 의해 버려진 희생자들이다. 고려시대의 설화 속 불가사리와 같은 캐릭터라 할 수 있는 이들은 괴물 같은 존재로 변모하여 나라를 혼란에 빠뜨린다. 실미도 부대원들은 서울로 진격하기에 이르고, 진태는 북한의 악명 높은 전쟁 기계가 되어 남한으로 내려온다.

희생자로서의 인간이 괴물의 반열에 오르는 것을 목격하면서 한국 영화는 블록버스터의 신화를 새롭게 써내려가기 시작했다. 할리우드와 일본의 괴수 장르가 일정한 규모를 가진 자본력을 요구하는 데 반해, 한국의 블록버스터 영화는 거대한 괴물이 아니라 괴물적인 인간을 통해 관객들을 마음을 사로잡았다. 작가들의 계보로 내려가면 인간적인 괴물의 모습은 너무나도 다채롭다. 장준환 감독의 〈지구를 지켜라!〉(2003)의 강사장은 자본가의 모습을 하고 있지만 알고 보면 괴물 같은 외계인이고, 나홍진 감독의 〈추격자〉(2008)의 연쇄살인마 지영민은 근원을 알 수 없는 폭력성과 성적 욕망으로 도시를 공포에 몰아넣는다. '괴물적 인간'은 2000년대 이후 한국 영화의 주요한 캐릭터가 된다. 남성 폭력을 중심으로 한 여러 장르 영화를 통과하면서 '괴물적 인간'은 류승완 감독의 〈베테랑〉(2015)에서 절정에 이른다. 주인공 조태오는 자본가야말로 돈의 위력으로 백주 대낮에 폭력적인 얼굴을 드러내는 유일무이한 존재임을 보여주었다. 이제 희생자를 대변하던 괴물적 인간은 점점 더 냉혹한 현실의 얼굴이 된다. 이것이 실미도 특수 부대원에서 자본가 조태오가 중심이 되는, 2000년대 이후 한국 영화에 나타난 인간적인 괴물의 변천사를 설명하는 방식이 될 것이다. 한국 영화가 사랑한 것은 도시를 파괴하는 거대한 괴물이 아니라 인간의 얼굴을 한 괴물이다.

봉준호의 괴물

〈괴물〉은 봉준호에게 처음으로 천만 관객을 안겨준 영화다. 할리우드 CG팀 오퍼나지 Orphanage와 뉴질랜드의 웨타Weta가 '괴물'의 캐릭터 작업에 참여하였고, 한강을 배경으로 가족의 추격전을 다룬다. 할리우드 괴물 장르의 관습을 따라가면서도, 한국형 블록버스터에 등장하는 희생당한 주인공들을 보여줌으로써 두 종류의 괴물(거대 괴물과 인간적 괴물)을 종합한다. 그 이접 속에 이 영화의 특징이 있다. 괴수가 등장하지만 일반적인 괴수 영화 장르를 거부하고, 인간들이 주인공이지만 그들은 감히 영웅의 반열에 오르거나 괴물 자체로 전락하지 않는다. 할리우드 괴수 장르의 특징도, 2000년대 이후 한국 영화가 그려낸 괴물적 인간도 비껴간 채 독특한 위치에서 괴물의 역사를 쓴다.

"괴물 장르에서는 일반적으로 몬스터의 꼬리나 발이라도

보려면 거의 한 시간을 기다려야 합니다. 그때 나는 그런 종류의 관습을 정말로 싫어했기 때문에 백주 대낮에 괴물의 몸 전체를 보여주었습니다. 이 장르의 관습을 파괴하고 싶었습니다. 그 이유 중 일부는, 괴물을 제외하고 너무 많은 이야기를 해야 했기 때문입니다. 정치, 사회, 시스템에 대해 말할 것이 너무 많아서 괴물을 소개한 후에 할 이야기가 많이 있었습니다. 그래서 시작 부분에 괴물을 보여주는 것이 중요했습니다."

2019년에 열렸던 BAFTA의 시나리오 작가 강의에서 봉준호 감독은 〈괴물〉이 기본적으로 할리우드의 괴물 장르와는 다르다는 것을 강조한다. 인터뷰 내용 중 눈길을 끄는 것은 괴물의 등장이다. 할리우드 영화에서 괴물은 천천히 등장한다. 이상한 자연현상이나 지진과 같은 전조들이 일어나면서 서서히 모습을 드러낸다. 흔히 괴물을 쫓는 영웅이나 과학자가 주인공으로 등장하지만 이 장르의 진정한 주인공은 괴물 자체다.

봉준호의 〈괴물〉에서는 시작과 함께 괴물이 등장한다. 괴물을 탐구하는 과학자도 없고, 괴물을 추적하는 근사한 영웅도 없다. 느닷없이 등장한 괴물이 한강 둔치를 휩쓸고 지나간 후에도 괴물을 둘러싼 연구는 등장하지 않는다. 영화는 괴물의 등장 이후 다른 이야기로 관객을 안내한다. 바이러스 운운하는 가짜 뉴스들, 제대로 통제되지 않는 한강의 검역 시스템 그리고 에이전트 옐로우 살포를 결정한 무능한 정부와 미국의 정치적 결탁은 괴물이 사라진 후 등장하는 것들이다. 사람들은 마스크를 쓰고 다니고, 바이러스를 찾기 위해 괴물과 접촉한 이들의 몸을 해부한다. 그 행동이야말로 괴물이 사라진 자리를 채우는 '진짜 괴물'이다.

봉준호의 영화를 두고 정치적인 해석을 가하는 것은, 거대한 괴물이 사라진 자리에 정치, 미디어, 뉴스 등의 거짓된 말들이 들어옴으로써, 무엇이 사람들의 마음을 움직이는지 보여주기 때문이다. 그것은 일종의 공포정치다. 사람들의 불안을 하나의 정치적 자원으로 삼아 순응을 유도하는 공포정치는 한국 사회에서 오랫동안 실천되어왔다. 공포정치의 가장 큰 특징은 본질을 다른 방향으로 돌린다는 데 있다. 괴물의 정체에 대해서는 아무런 관심을 보이지 않은 채 바이러스의 공포를 유포하는 일련의 장면들은 사회, 시스템 그리고 정치가 괴물처럼 작동하는 방식을 보여준다. 한국 사회가 위기의 순간마다 레드 콤플렉스라는 괴물을 살포해왔다는 사실은 잘 알려져 있다. 지금도 작동되는 '현실이라는 괴물' '이데올로기적 괴물' '공포정치의 괴물'을 봉준호의 영화는 따라가고 있다.

괴물이 등장하는 순간도 흥미롭다. 한강에 나타난 괴물

은 어둠을 틈타 침입하는 것이 아니라 환한 대낮에 나타난다. 휴식을 취하는 사람들, 음악을 듣는 사람들은 대낮에 괴물의 등장을 예상하지 못한다. 봉준호 감독이 존경하는 알프레드 히치콕의 말처럼 '살인은 어두운 거리보다 밝은 대낮에 졸졸 흐르는 냇가에서 일어나는 것이 훨씬 재미있다'를 적극적으로 보여준다. 〈살인의 추억〉은 형사 박두만이 대낮에 하수도 배수관의 어둠에서 썩어가는 인간의 시체를 발견하는 것으로 시작한다. 한낮의 풍경과 어두운 수로 속의 썩은 육체가 대비를 이루면서 끔찍한 사건의 시작을 알린다. 〈기생충〉에서도 한낮의 정원에서 사건이 벌어진다. '리스펙트'를 외치며 지하에서 살던 근세가 아내의 죽음에 분노하면서 지하에서 뛰쳐나와 복수의 괴물이 된다. 그는 눈부신 정원으로 튀어나와(기우는 편지를 통해 정원의 햇살이 좋다는 말을 한다) 기정을 찌른다. 근세는 괴물처럼 보일 뿐만 아니라 이 일로 인해 한 마리의 괴물로 규정된다.

그런데 근세는 특별한 사람이 아니었다. 여러 가지 사업을 벌였지만 제대로 이루지 못하고 빚을 진 평범한 남자였다. 그러나 정원에 등장하여 피가 범벅이 된 남자는 괴물로 치부될 따름이다. 〈살인의 추억〉의 마지막 장면에서 소녀를 만난 전직 형사 박두만은 며칠 전 첫번째 살인 현장을 자신처럼 바라보았다는 사람이 어떻게 생겼는지를 묻는다. 소녀는 대답한다. "그냥 뻔한 얼굴인데……" 또다시 묻는 박두만의 말에 "그냥 평범해요"라고 소녀는 다시 답한다.

　거대한 괴물을 제외하고, 봉준호의 영화에 등장하는 현실적인 괴물들은 매우 평범한 인간들이다. 그들은 근세처럼 평범한 인간들임에도 불구하고 끝내 괴물로 오인을 받거나 〈살인의 추억〉의 범인처럼 결코 등장하지 않는 존재다. 〈실미도〉나 〈태극기 휘날리며〉의 괴물적 인간들이 가공할 만한 위협으로 직접 등장하는 것과는 거리가 있다. 〈플란다스의 개〉에서 개를 납치하여 살해하는 고윤주 역시 나중에 교수가 되는 보통의 속물적 인간이며, 아들을 위해 노인을 살해한 〈마더〉의 엄마 역시 평범함 그 자체다. 그들이 벌인 행위에 비해 인간 자체는 평범하다는 사실은 봉준호의 영화가 지닌 핵심 중 하나다. 그것은 자연스럽게 독일의 철학자 한나 아렌트가 쓴 『예루살렘의 아이히만』을 떠올리게 하는데, '악의 평범성' 혹은 '악의 진부함'이라고 번역할 수 있는 부제를 단 이 책은 인간이 벌이는 악을 성찰한 저작이다.

　유대인 학살을 지시했던 독일의 전범 아이히만은 자신의 임무에 충실한 자였다. 아렌트는 그의 진술을 통해 악은 특별한 자에게만 부여되는 것이 아니라 매우 평범한 모습으로 우리와 함께 있는 것임을 강조한다. 아이히만은 보통의 아버지였고, 보통의 직장인이었다. 그는 자신의 소임에 충실했지만 자신이 무슨 일을 하고 있는지 깨닫지 못했다. 그런 사람이 어떻게 엄청난 학살을 자행할 수 있는가에 대한 의문에서 출발해 내린 결론 중 하나가 '악의 평범성'이다. 악의 평범성은 악의 본질이 평범하다는 말이 결코 아니다. 악을 범하는 사람이 특별한 사람이 아니라 평범한 사람일 수 있다는 것, 악을 행하는 이들은 무능한 사람이 아니라 오히려 자신의 임무에 충실하고 유능한 사람일 수 있음을 강조하고 있다. 봉준호 감독 역시 악의 평범성이라는 아렌트의 성찰을 따라간다. 그러나 이웃집 살인마를 단순하게 가리키는 영화를 만들기보다는 이 과정에서 일어나는 수많은 무지와 오인에 집중한다. 그리하여 괴물은 목격담 속에, 소문 속에, 미디어 속에서 일그러진 채 현실을 지배한다. 그 효과 자체가 괴물이다.

〈살인의 추억〉에는 보기만 해도 범인을 알아볼 수 있다고 말하던 박두만이 끝내 "모르겠다"라고 돌아서는 장면이 등장한다. 평범한 인간의 얼굴 속에 어떤 악이 들어 있는지 형사는 물론이고 관객들 역시 알 길은 없다. 다만 수많은 풍문만이 박두만의 아내가 되는 곽설영이 옮기는 말처럼 사람들의 마음을 흔들고, 판단을 흐리는 것이다. 달리 생각해보면 그것은 더 섬뜩하다. 거대한 괴물이 도시를 파괴하는 것보다 평범한 이웃집 사람이 괴물 같은 존재일 수 있음을 깨달을 때, 실체를 알지 못한 채 소문과 억측들이 난무할 때 공포는 스크린 밖으로 흘러나온다. 심지어 〈플란다스의 개〉의 후반부 장면처럼 양심의 가책을 받은 고윤주가 현남에게 자신이 강아지 살인범이었다고 고백하려고 할 때 현남은 제대로 알아듣지 못한다. 함께 강아지를 찾고 헤맸던 이웃집 남자가 그토록 끔찍한 일을 저지를 거라고 단 한 번도 생각하지 못했기 때문이다. 현남에게 악은 현실이 아니라 TV 속에만 있다. 은행에 들어온 강도와 맞선 여자 은행원의 영웅적인 모습을 스스로에게 대입하면서, 괴물은 거대한 스크린이나 TV 속에만 있는 것이라고 생각한다. 봉준호의 영화에 등장하는 진짜 괴물은 이와 같은 착각과 오인의 결과다. 말해도 듣지 않고, 보아도 보지 못하는 인간의 맹목성이야말로 현실을 가려버리는 괴물의 무서운 어둠이다. 그리하여 봉준호의 영화는 마지막 대목에서 어둠을 응시하자고 제안한다. 한강 둔치를 바라보는 〈괴물〉의 마지막 장면처럼, 하수구를 응시하는 〈살인의 추억〉처럼 그곳에 여전히 진짜 괴물이 살고 있을지 모르기 때문이다.

괴물의 아이

〈옥자〉는 봉준호의 영화 중 가장 단순하고 할리우드 장르에 충실한 영화다. 그렇지만 이 작품에는 다른 부분이 하나 있다. 얼핏 보기에 유전공학의 힘을 빌려서 탄생한 옥자는 괴물로 생각할 수밖에 없는 존재다. 옥자의 키는 2미터를 넘고, 무게는 6톤에 달한다. 이안 감독의 영화 〈라이프 오브 파이〉(2012)에 등장하는 호랑이 리처드 파커를 디자인했던 에릭얀 더부르가 작업한 것으로 알려진 옥자는 돼지, 매너티, 하마 그리고 코끼리를 뒤섞어 디자인했다.

영화 속에서 옥자는 미란도 코퍼레이션의 CEO 루시 미란도에 의해 탄생한다. 미란도는 칠레 농장에서 발견한 슈퍼돼지로부터 26마리의 새끼를 얻는다. 아기 돼지들은 26개국의 우수한 축산 농민들에게 보내진다. 미란도는 이들 중 누가 가장 우수하게 자랐는지를 10년 후에 열리는 콘테스트를 통해 발표하겠다고 선언한다. 미란도는 슈퍼 돼지의 탄생을 자연적인 과정처럼 선전한다. 하지만 옥자의 정체는 유전자 조작을 통해 태어난 것이었다. 동물해방전선ALF이 이 사실을 폭로한다.

그러나 옥자를 되찾기 위해 고군분투하는 미자에게 옥자가 어떻게 만들어졌는지는 중요하지 않다. 미자에게 옥자는 사랑스러운 동생이자 가족일 따름이다. 봉준호의 영화에 등장하는 괴물들과는 사뭇 다른 옥자의 모습은 미야자키 하야오의 애니메이션에나 등장할 법한 사랑스러운 괴물이다. 〈옥자〉의 흥미로운 점이 여기에 있다. 〈괴물〉이나 인간의 얼굴을 한 괴물들이 할리우드와 다양한 B급 영화에서 영향을 받은 데 반해 〈옥자〉에서는 미야자키 하야오로 대변되는 일본 문화의 영향에 가깝다.

봉준호 감독의 데뷔작 〈플란다스의 개〉 역시 미야자키 하야오를 연상시키는 제목이다. 일본 애니메이션사에서 경력을 쌓아가던 미야자키 하야오는 〈플란다스의 개〉에서 원화를 담당하였고, 이는 그의 초기 경력에 중요한 작품이기도 하다. 〈플란다스의 개〉는 일본 후지TV에서 1975년 1월 5일부터 1975년 12월 28일까지 총 52회로 제작 방영되었다고 한다. 우리나라에서는 1976년에 TBC에서, 1981~1982년에 KBS 1TV에서, 1994년과 2007년에 EBS에서 방송되었다. 봉준호 감독이 어릴 적에 보았던 프로그램 중 하나로 짐작되며, 이 작품의 대중문화적 영향력은 가수 이승환의 〈덩크슛〉까지 연결되고 있다.

〈옥자〉의 진짜 괴물은 자본가다. 미란도 코퍼레이션의 루시 미란도는 미디어 쇼를 벌인다. 루시 미란도는 회사를 살리기 위한 계획의 일환으로 미디어를 조작하고 대대적인 홍보로 슈퍼 돼지에 대한 관심을 모은다. 그런데 세상을 떠들썩하게 한 콘테스트가 끝난 후 돼지들이 모여 있는 곳은 거대한 도살장이다. 괴물들의 집합소인 도살장에서 이들은 여느 가축과 다름이 없다. 옥자 또한 이곳에서는 사랑스러운 돼지가 아니라 거대하고 불쌍한 한 마리의 짐승이 된다. 도시와 자연, 기업의 CEO와 산골 소녀라는 대비를 통해 누가 진짜 괴물을 만들어내는 존재인지 판단하는 것은 어렵지 않다. 이들 사이에 동물해방전선이 끼어들면서 옥자를 둘러싼 세 가지 입장은 뒤엉키기 시작한다. 어쩌면 옥자는 거대한 괴물이 될 수도 있었다. 콘테스트가 열리기 직전 창고에 끌려간 옥자가 고난을 겪는 장면은 슈퍼 돼지의 속성이 결정되어 있지 않다는 것을 보여준다. 닥터 조니에 의해 실험과 학대를 당한 돼지들은 강압적으로 옥자를 폭행한다. 그것은 전형적인 괴물의 폭력성이다.

미자 덕분에 옥자는 폭력과 거리를 둔 존재, 사랑을 아는 존재가 된다. 괴물을 사랑하는 아이는 괴물을 다른 존재로 만들어버린다. 그것은 봉준호의 영화가 아이를 통해 구현하는 비전 중 하나다. 〈플란다스의 개〉에서는 아이가 직접적으로 등장하지는 않는다. 하지만 이 영화의 개는 아이에 대한 은유처럼 보인다. 개를 잃은 후 마치 자식을 잃은 것처럼 괴로워하다 죽음을 맞이하는 할머니의 모습이나 임신한 아내가 퇴직한 돈으로 개를 사오는 모습은 가족에 대한 봉준호의 관심사를 보여준다. 그 가운데 아이는 항상 특별한 존재로 부각된다. 아내가 사온 개 덕분에 윤주는 개를 없애던 입장에서 개를 보호하는 아버지로 성장한다.

아이의 존재는 인물을 변화로 이끈다. 〈괴물〉에서 매일 졸기만 하던 아버지 강두는 딸 현서가 납치된 후 마취 주사를 맞고도 잠들지 않는 괴력을 발휘한다. 아이는 세계의 각성제며, 그 효과는 세상의 비참을 목격하는 것으로 시작된다. 〈살인의 추억〉에서 아이는 시작과 마지막을 장식하는데, 영화의 첫 장면에서는 메뚜기를 잡던 아이의 모습이 보이고 이 아이는 박두만을 시체가 있는 곳으로 안내한다. 〈살인의 추억〉의 마지막은 박두만이 처음에 일어났던 사건 현장을 다시 들여다볼 때 어린 소녀가 다가와서 얼마 전에도 한 아저씨가 여기를 보고 있었다는 증언을 들려주는 것으로 시작한다. 목격자이자 증언자로서 아이는 주인공이 잠들지 않게 도와준다. 아버지는 끔찍한 현실을 증언하는 아이들을 보호하기 위해 깨어 있을 수밖에 없고, 그 현장을 응시할 수밖에 없다. 목격자로서의 아이가 등장하는 또 하나의 작품은 〈기생충〉이다. 막내 다송은 지하에 사는 근세를 일찌감치 목격한 박사장의 가족이다. 먹다 남은 생일 케이크를 냉장고에서 꺼내 파먹던 다송은 지하에서 올라오던 근세와 마주친다. 이 사건 이후로 박사장의 가족은 다송의 생일날 집을 나와 다른 곳에서 시간을 보내왔다. 다송의 그림에는 아이가 목격한 모습이 또렷하게 그려져 있다. 인디언 마니아 다송은 근세가 보내는 모스부호를 읽을 줄 아는 아이다. 또한 기택과 가정부가 된 아내가 함께 지나갈 때 다송은 "둘이 냄새가 똑같아"라고 말하면서 기택 가족의 비밀을 유일하게 알아차리는 인물이기도 하다. 심지어 자신의 미술 선생님에게서도 같은 냄새가 난다고 지적한다. 그러나 다송이 이 세계의 모순과 불안을 직감하고 있다 하더라도 아이라는 이유로 어른들의 세계에는 아무런 영향을 끼치지 못한다. 다송은 목격자이지만 세상을 지키거나 바꾸는 것은 어른들의 몫으로 돌려진다.

아이들은 히치콕의 영화 제목처럼 '너무 많이 알고 있는 자'에 해당한다. 〈살인의 추억〉에서 범인을 본 소녀, 기택의 가족을 눈치채고 근세를 목격한 다송, 도살장을 목격한 미자 등 아이들은 많은 것을 보지만 현실을 바꾸지는 못한다. 〈설국열차〉에서 꼬리 칸에 사는 아이들은 엔진실로 잡혀가 부품으로 쓰인다. 어린아이들은 열차의 비밀을 이미 알고 있지만 엔진 속에서 혁명을 일으키거나 시스템을 바꾸지 못한다. 그것은 커티스와 아이들 부모의 몫으로 돌아간다.

여지는 있다. 〈옥자〉의 주인공 미자가 다른 봉준호의 작품과 차별되는 지점은 어느 정도 현실에 영향을 끼친다는 것이다. 미자는 미야자키 하야오 애니메이션의 씩씩한 여주인공처럼 행동한다. 서울에 있는 미란도 코퍼레이션 사무실 앞에서 유리문을 열어주지 않는 사무실 직원과 실랑이를 벌이다가 미자가 몸으로 부딪쳐 거대한 유리문을 박살내는 장면은 봉준호의 영화에서는 접하기 어려웠던 소녀의 초월적 능력이다. 달리는 트럭의 지붕 위에서 민첩하게 움직이는 미자의 모습은 봉준호 영화의 또다른 캐릭터가 열리고 있음을 보여준다. 미자는 괴물을 사랑하는 아이인 동시에 스스로 괴물적인 능력을 발휘할 수 있는 가능성을 보인다. 미자보다 앞서서 이러한 능력을 보여준 아이는 〈설국열차〉에서 벽 너머를 내다보는 소녀 요나다. 성서에 등장하는 선지자 요나를 떠올리게 하는 이 캐릭터는 기차의 역사와 함께한다. 기차에서 태어난 아이는 17년간 감옥 칸 밖을 본적이 없다. 아버지 남궁민수와 함께 깨어난 요나는 놀라운 능력을 발휘하는데 여기에는 구체적으로 드러나지 않은 이야기가 있다.

이야기 속에 숨겨져 있기는 하지만 요나는 남궁민수와 15년 전 열차 밖으로 나간 에스키모 여인 사이에서 탄생한 아이다. 그것은 두 사람의 대화와 요나의 능력으로 짐작할 수 있다. 아이들이 교육을 받는 열차 칸에 들어갔을 때 남궁민수는 요나에게 15년 전 밖으로 나간 사람들을 보여주며 설명하면서 "제일 앞 사람 여자야"라고 덧붙인다. "앞쪽 객실 칸을 청소하는 청소부였는데, 원래 이누이트족이었거든. 에스키모 말이야." 그녀는 남궁민수에게 평소에도 기후에 대한 이야기를 자주 들려주었다. 이누이트족이었던 그녀는 날씨를 알 수 있는 예언자다. 그의 능력은 남궁민수 사이에 태어난 요나에게 전달된다. 기차의 다음 칸을 볼 수 있는 요나의 신비한 능력은 날씨를 예견하는 어머니로부터 온 것이다. 그리하여 요나는 기차를 세우고 밖으로 나오는 최후의 인간이 된다. 기차에 갇혀 있던 세계를 변화시키며, 15년 전 어머니가 행했던 혁명을 완성하는 것이다.

봉준호의 영화에 등장하는 모든 아이에게 능력이 부여되지는 않는다. 하지만 미자와 요나처럼 현실에 개입하거나 변화를 이끌지는 못해도, 괴물 혹은 괴물 같은 세상과 함께 살아온 아이들은 각성을 이끌어낸다. 〈괴물〉에서 현서와 함께 잡혀간 아이 세주는 마치 요나처럼 다시 살아난 아이다. 현서와 세주는 아버지 강두에 의해 괴물의 입속에서 꺼내진다. 그 자리에서 현서가 죽은 것을 확인하지만 세주의 숨은 붙어 있다. 〈괴물〉의 마지막 장면은 강두가 사는 한강의 매점 단칸방에서 세주와 함께 밥을 먹는 장면이다. 밥상을 앞에 두고 강두가 켜둔 텔레비전에서는 뉴스가 흘러나오고 어린 세주는 밥 먹는 데 집중하라며 TV를 끄도록 만든다. 이 아이는 현실에 집중하라고 다그친다. 살아가기 위해서는 거짓 정보로 가득한 뉴스가 아니라 밥을 먹는 것이 중요하다고 가르친다.

관객들은 봉준호의 영화에서 아이들의 지혜로움을 본다. 〈옥자〉의 절정부에서 미자는 새롭게 등장한 미란도의 CEO 낸시 미란도에게 황금 돼지를 건네주고 옥자를 데리고 간다. 자본가를 대하는 이 비약이 옥자를 구하는 기반이 된다. 물론 미자가 모든 슈퍼 돼지를 구원하지는 못했다. 하지만 최소한 옥자와 함께 또하나의 어린 돼지를 데려옴으로써 산골에서 식구로 살아가는 이들이 또다른 세계를 만들어갈 수 있음을 시사하고 있다. 그것을 봉준호식 희망이라고 부를 수 있다면, 괴물의 아이는 봉준호의 캐릭터들 중에서 변화와 가능성의 중심을 이루는 심장이자, 거짓된 현실을 깨우는 각성제다. 또한 어른들에게 책임을 안겨주고 질문을 던지는 존재다. 봉준호의 영화에서 아이는 세계 곳곳에서 발견된다. 희생자의 모습으로도 등장하지만 동시에 최후의 생존자로서 영화를 움직이게 하는 구원의 이념이 된다.

chapter 5

보는 것의 변증법

본다는 것

봉준호의 영화에서 본다는 행위의 중요성은 여러 평자에 의해 지적되어왔다. 대표적으로 〈살인의 추억〉에서 하수구의 구멍을 바라보는 장면이 널리 알려져 있다. 박두만이 첫 살인사건이 일어난 하수구를 쳐다보는 모습은 영화의 초반부와 후반부, 그리고 새로 부임한 반장이 바라볼 때 반복된다. 이는 용의자 박현규가 도망치듯 떠나는 터널 장면과 연결된다. 형사 서태윤은 유죄를 입증할 수 없는 박현규를 향해 총구를 당긴다. 사건이 일어난 구멍, 해결되지 못하는 미지의 구멍, 미로와 같은 어둠을 응시하는 시선은 관객을 시대 속으로 안내하는 문의 역할을 한다. 영화의 마지막에 이르러 하수구 터널을 응시하던 박두만은 정면으로 관객을 바라본다. 그것은 스크린 너머의 현실, 관객들의 현실로 확장하는 영화의 시선이다.

〈플란다스의 개〉의 마지막 장면도 중요하다. 자신의 친구와 함께 숲속으로 등산을 간 현남은 영화 중반부에 발로 차 얻게 된 자동차의 사이드미러를 들고 빛을 반사하여 스크린 정면을 비춘다. 이는 정확히 관객을 향한 사이드미러의 시선이다. 당신들이 지금 본 것은 한 편의 영화이며, 영화의 현실처럼 관객의 현실도 결코 해결되지 않는 답답함으로 가득차 있는지 묻는 듯하다. 관객들은 영화를 통해 세계를 보지만, 〈플란다스의 개〉의 마지막은 영화 속 인물들이 관객들이 속한 현실을 클로즈업으로 응시한다. 이처럼 차원을 넘나드는 바라봄의 순간들은 봉준호의 영화 도처에 널려 있다.

본다는 것은 근본적으로 세계 안에서 무엇을 볼까를 질문한다. 눈앞에 있다고 해서 반드시 볼 수 있는 것은 아니다. 설령 본다고 해도 그것이 사물이나 사건을 바라보는 유일한 방식도 아니다. 오히려 보이는 것은 자주 은폐되며, 그것을 보았다고 말해도 예언자 카산드라처럼 사람들은 쉽사리 믿지 않기도 한다. 이 다양한 은폐의 방식 속에서 봉준호 감독은 자신이 보고자 하는 것들을 구성하여 제시한다.

〈괴물〉의 시작은 세 개의 에피소드로 구성되어 있는데, 첫 번째가 미군 기지에서 포름알데히드를 방류하는 장면이고, 다음은 한강에서 낚시를 하는 장면이며, 마지막은 2006년 10월이라는 자막과 함께 자살 직전의 남자가 등장하는 것이다. 그는 한강 다리의 바깥쪽 난간을 한 손으로 붙잡은 채 강물을 내려다본다. 남자가 말한다. "니들 방금 봤냐? 밑에 말이야. 물속에. 커다랗고 시커먼 게. 물속에……" 쏟아지는 빗줄기와 함께 물거품이 일어나는 한강에는 분명 무언가 움직이는 것처럼 보인다. 하지만 자살 직전의 남자를 말리려고 온 동료들은 아무것도 보지 못한다. 남자는 그들을 향해 말한다. "끝까지 둔해빠진 새끼들!" 남자가 한강으로 뛰어내린다. 멀리서 다리 아래로 뛰어내리는 남자의 모습이 보이고, '괴물'이라는 영화의 제목이 등장한다.

이 에피소드는 볼 수 있는 자와 볼 수 없는 자의 차이를 극명하게 보여준다. 자살을 하려던 남자가 내려다본 것은 조만간 등장할 한강의 괴물일 수 있지만, 동료들을 향해 "둔해빠진 새끼들"이라고 말할 때 그것은 생물체로서의 괴물만을 가리키지 않는다. 남자가 왜 자살하려는지 알 수가 없다. 아마 현실의 문제가 생겼을 것이다. 그런데 남자가 동료들을 향해 "둔해빠진 새끼들"이라고 말할 때 거기에는 절망감이 아니라 동료들의 어리석음을 향한 개탄과 비난이 들어 있다. 남자의 말을 번역해보면, '그런 것도 못 보냐?' '너희들은 진실을 몰라' 등의 말이 될 것이다.

남자의 자살은 단순히 한강 속 괴물이 아니라 무시무시하게 끝날 수밖에 없는 현실이라는 괴물에 쫓겼기 때문이다. 그는 한강의 다리 위에서 세상의 현실을 내려다'보았기'에 괴물을 볼 수 있던 것이지, 처음부터 괴물을 보았던 것은 아니다. 다리 안에서 걸어다니고 있을 때 그의 동료들처럼 남자 역시 자신을 쫓는 현실의 괴물을 보기 힘들었을 것이다. 어떤 불안과 공포가 끝내 그를 다리 밖으로 밀어냈을 때, 그제야 남자는 진실을 본다. 물속에서 유영하는 거대한 괴물의 그림자, 현실이 응축된 괴물의 어둠을 말이다. 다리 안에 있는 그의 동료들은 봤냐는 질문에 "뭐, 인마. 뭐"라고 반문할 뿐이다. 본다는 것은 단순한 표면이 아니라 현실의 심연을 보는 일이며, 그 공포를 경험한다는 뜻이다.

봉준호의 영화에서 본다는 것은 '심연'과 마주하는 과정이다. 〈설국열차〉의 전투 장면은 이를 압축한다. 긴 어둠의 터널에 들어선 기차 안에서 기다리고 있던 진압군이 특수 장비를 착용하고 살육을 시작할 때 커티스는 꼬리 칸을 향해 불을 가져오라고 명령한다. 꼬리 칸에서 가져오는 불은 어둠을 밝혀서 적들을 보기 위함이다. 보지 않으면 싸울 수 없고, 싸울 수 없으면 나갈 수 없다. 고아성이 연기하는 요나의 능력이 특별한 이유는 여기에 있다. 그녀는 벽으로 막혀 있는 다음 칸을 미리 볼 수 있는 자이며, 그렇기 때문에 기차 밖으로 나올 수 있는 최후의 인간이 된다. 〈살인의 추억〉에서도 훨씬 더 합리적으로 보이는 서태윤이 아니라 박두만이 주인공인 이유가 여기에 있다. 초반에 서태윤은 거짓말하지 않는 서류와 증거를 통해 아직 나오지 않은 시체가 어디 있는지를 볼 수 있는 자였다. 하지만 용의자 박현규를 앞에 두고 이성이 무너져내리면서 총을 쏘아대는 폭력적인 인물로 변해간다. 그가 보는 것은 현실이 아니라 글자로 채워진 서류뿐이다. 박두만은 반복되는 실패를 통해 자기가 해왔던 것을 보려고 한다. 잡고 싶지만 잡을 수 없는 범인을, 수많은 용의자 가운데 무엇을 놓치고 있는 것인지를. 영화 초반부에 그가 사람들의 사진을 찍고 노트에 붙이는 장면은 퍼즐처럼 펼쳐져 있는 이들을 보기 위함이다. 하지만 사진이 붙은 노트는 끝내 찢겨버리고, 17년의 시간이 흐른 뒤에 그는 첫 살인사건의 장소를 또다시 들여다본다.

보는 자와 보지 못하는 자는 봉준호의 인물을 가르는 기준이 된다. 〈기생충〉에서 남궁현자 선생이 만든 지하실을 본 사람은 기택의 가족들과 근세 부부뿐이다. 정작 이 집의 소유주인 박사장과 가족들은 지하의 공간을 보지 못한다. 막내 다송만이 우연히 지하에서 올라온 근세를 목격했을 뿐이다. 〈기생충〉은 기택 가족과 근세 부부의 싸움으로 귀결된다. 지하세계를 본 자들만이 이 세계의 진실을 가리기 위해, 살아가기 위한 전쟁을 벌이기 때문이다. 박사장과 그의 가족은 철저히 '선'을 지키며 지하로 내려가지 않는다.

이러한 이유로 박사장은 속속들이 보지 못했고, 이 집을 모두 알지 못하는, 제대로 소유하지 못하는 자일 수 있다.

프랑스어 '본다'에 해당하는 'voir'는 보는 행위가 어떤 개념으로 파생될 수 있는지 잘 보여주는 단어다. '본다'는 '안다'는 뜻의 'savoir'로 파생되고, 소유의 뜻을 지닌 'avoir'로 귀결된다. 마틴 제이의 『눈의 폄하: 20세기 프랑스 철학의 시각과 반시각』(국내에서는 '눈의 폄하Downcast Eye'로 번역하였는데, 직역을 하자면 '내리뜬 눈'이 될 것이다) 서문에는 프랑스의 일상어를 지적하면서 "불어에서도 지식savoir과 권력pouvoir이라는 두 단어에서 보다voir를 지나칠 수 없다"고 강조한다. 본다는 것은 앎이 되고, 소유함이 되며, 끝내 권력이 된다. 박사장은 지하의 세계를 보지 못했기에 죽임을 당하고 권력으로부터 밀려나버린다. 어느새 이 공간은 보는 자인 근세와 기택을 위한 권력 투쟁의 장이다. 못 가진 자들의 장소인 지하로 한정되기는 하지만 말이다.

본다는 관점에서 〈괴물〉의 가장 흥미로운 지점은 눈에 보이지도 않는 바이러스 운운하면서, 정작 눈에 보이는 괴물에 대해서는 크게 관심을 보이지 않는다는 것이다. 괴물이 등장한 후 전해지는 뉴스 장면에 따르면 괴생물체가 치명적인 것은 바이러스 때문이다. 괴물은 바이러스를 보유한 '호스트'로 설명된다. 〈괴물〉의 영어 제목이 'host'인 이유가 여기에 있다. 세상이 바라보는 괴물은 몬스터가 아니라 '숙주'이며, 숙주가 무서운 것은 바이러스를 보유하고 있기 때문이지 괴물 자체 때문이 아니다. 라틴어 어원에 있어서는 적대에 해당하는 'hostility'와 환대에 해당하는 'hospitality'가 동일하다. 호스트host라는 말 역시 환영하는 자와 침략하는 자라는 뜻을 모두 지니고 있다. '괴물'인 '호스트'는 세상 사람들에게는 그저 바이러스를 품고 있는 지나가는 존재처럼 다뤄지지만 강두의 가족에게는 완전한 적대자로 등장한다. 사람들이 바이러스, 화학전 등에 예민하게 반응하면서 한강에 등장한 에이전트 옐로우를 두고 시위를 벌일 때에도 가족들은 바이러스가 아니라 괴물을 쫓는다. 괴물을 두 눈으로 보고 쫓는 것은 강두와 그의 가족들뿐이다. 이 보는 행위는 딸을 구하려는 행위가 되고, 딸과 함께 있는 누군가를 구하는 행위가 된다.

그런데 강두는 처음부터 보는 자가 아니었다. 한강에서 시작되는 이야기의 초반부에서 강두는 매점 물건들 위에 엎드려 잠을 자고 있다. 한 아이가 물건을 훔치려고 해도 강두는 알아차리지 못한다. 심지어 임시로 마련된 장례식장에서도 강두는 잘도 잠을 잔다. 우둔해 보이는 캐릭터를 보여주는 이러한 설정은 강두의 변화와 맞물려 흥미로운 관점을 제시한다.

강두가 잘 보는 것은 두 가지다. 손님에게 배달할 오징어를 굽고 있을 때 멀리서 딸 현서가 걸어온다. 카메라의 초점은 현서에게 맞춰져 있지 않다. 그런데 어떻게 알았는지 강두가 딸을 보며 외친다. "현서야!" 기가 막히게 딸을 보는 딸 바보 강두는 그 누구보다도 먼저 한강의 괴물을 발견한다. 새 오징어를 구워 손님들에게 가져갔을 때 사람들이 강가에서 웅성거린다. 사람들은 "보이지도 않는데"라고 투덜거리며 모여든다. 다리 밑에 매달려 있던 물체가 물속으로 뛰어들고 사람들이 한강 위로 물건을 던지다가 무심해질 무렵 강두는 한 방향을 홀로 응시한다. 그제야 사람들은 강두의 시선을 따라 같은 곳을 바라본다. 괴물이 달려오고 있었다. 강두는 가장 먼저 괴물을 목도하는 자다. 이후 강두는 괴물을 바라보며 움직인다. 아무것도 의식하지 못한 채 헤드폰을 쓰고 음악을 듣던 여자가 괴물에 의해 쓸려가버리고, 지하철에서 괴물이 뛰어다니는 모습을 바라보는 시선이 끼어든다.

괴물을 보지 않는 자는 두 가지로 나뉜다. 헤드폰을 낀 여자는 아무것도 관심을 두지 않고 보지 않는 자이며, 지하철에 탄 사람들은 멀리서 괴물을 보고 지나쳐버리는 익명의 시선이다. 이 두 가지 시선이 괴물을 보지 못하는 자들의 입장이라고 할 수 있는데, 영화의 중반에 한 가지 시선이

더 끼어든다. 미국으로 대변되는 입장은 존재하지 않는 바이러스가 있다고 믿으며 그것을 억지로 찾아내려고 하는 시선이다. 다시 말해 없는 것을 있다고 보는 자이다. 보이는 것을 알아보고, 보면서도 알지 못하고, 보지 못한 것을 안다고 하는 시선의 차이는 미 국방부 장관 럼즈펠드의 말을 떠올리게 한다. 이라크 전쟁이 끝난 후 열렸던 2002년 2월의 기자회견에서 이라크에 대규모 살상무기가 있다고 입증할 증거가 부족하지 않냐는 기자의 질문에 그는 세 가지로 답하였다. 세상에는 첫째, 안다는 사실을 알고 있는 것Known knowns이 있고, 둘째, 모르고 있다는 사실을 아는 것Known unknowns이 있으며, 셋째, 모르고 있다는 사실조차 모르는 것Unknown unknowns이 있다. 럼즈펠드 장관은 대량 살상무기는 '알려지지 않은 불확실한 일Unknown unknowns'에 해당한다고 답하고자 했던 것이다.

하지만 말장난처럼 보이는 이 말에는 함정이 있다. 철학자 지젝이나 미국의 다큐멘터리 감독 에롤 모리스는 그가 하나의 경우를 일부러 빼놓았다고 지적한다. 단어의 조합을 통해 이뤄질 수 있는 또 하나의 답변은 '언노운 노운', 즉 '안다는 사실을 모르는 것Unknown knowns'이다. 에롤 모리스가 이 사실을 파헤친 다큐멘터리 제목이기도 한 〈언노운 노운〉(2013)은 이라크 침공이 미국의 기만적 행위라는 사실과, 전쟁의 명분인 대량살상무기가 존재하지 않음을 알면서도 모른 척하고 덤벼든 것이 미필적 고의에 해당함을 보여준다.

봉준호의 영화가 '괴물'이라는 존재를 둘러싼 다양한 시선들을 드러내는 것도 비슷한 차원이다. 사람들은 보이는 괴물을 보지 못하기도 하고, 심지어 보이지 않는 것(바이러스)을 안다고 주장하기도 한다. 그 가운데 현서를 납치한 괴물을 추적하는 박강두의 가족은 미쳐 있거나 감염된 존재로 취급받으며, 아무도 이들이 괴물을 보았다는 말을 들어주려고 하지 않는다. 현서를 찾는 가족들만이 보이는 것을 따라 끊임없이 움직인다. 그들은 보이는 것을 보고 있노라고 말하는 사람들이다. 현실은 이 보이는 것을 보지 못하거나, 보이지 않는 것을 보인다고 속이는 데 반해 가족은 혈혈단신으로 보이는 것을 추적해나간다.

가장 먼저 괴물을 본 강두의 시선은 놀라운 변화를 일으킨다. 강두는 도망치는 사람들과 달리 직접적으로 공격을 시도하기도 하고, 괴물이 사람을 삼키는 모습을 훔쳐보기도 한다. 하지만 강두 역시 괴물에게 쫓기는 신세가 된다. 한참을 도망치던 강두에게는 중요한 사건이 기다리고 있다. 괴물을 보지 못한 채 매점 안에서 고모의 양궁 경기를 보던 현서가 밖으로 나온다. 굴러다니는 맥주 캔을 발로 차던 현서는 주변을 의식하지 않은 채 맥주 캔에서 탄산이 뿜어져나오는 모습을 바라본다. 현서는 영화 속에서 음악을 듣고 있던 여성처럼 아무것도 보지 못하는 자다. 도망치던 강두가 서 있는 현서의 손을 붙잡고 뛰기 시작한다. 강두는 한 손으로는 현서의 손을 잡고, 반대쪽 시선은 괴물의 움직임을 지켜보며 도망친다. 그러다가 강두가 넘어지는 상황이 벌어진다. 영화의 초반부에서도 오징어를 굽던 강두가 딸을 향해 걸어가다가 넘어지는 모습을 보았다. 기시감처럼 강두의 행동은 반복된다. 다시 일어선 강두가 손을 잡고 달리기 시작한다. 그런데 뭔가 이상하다고 느껴 손을 잡은 이가 누구인지 확인한다. 아뿔싸, 강두는 다른 여학생의 손을 잡고 달리고 있었다. 황급히 뒤를 돌아보던 강두는 무작정 뛰기 시작한 자리에서 현서가 일어나는 모습을 본다. 동시에 현서의 뒤로 뛰어오는 괴물을 본다. 현서는 여전히 괴물의 존재를 보지 못한 채 아빠를 바라본다. 괴물은 날렵한 꼬리로 현서를 낚아챈 후 한강으로 뛰어든다.

강두의 시선을 중심으로 편집되어 있는 현서가 납치당하는 장면은 강두의 시선을 끌었던 두 가지, 괴물과 현서가 하나의 프레임으로 합쳐진다. 이후 강두는 괴물 혹은 현서를 멀리서도 발견하며 추격하기 시작한다. 이 장면을 볼 때마다 떠오르는 유명한 두 편의 영화가 있다. 하나는 알프레드 히치콕의 〈새〉(1963)다. 히치콕의 전성기인 1950년대에서 1960년대에 완성한 작품들은 보는 자와 보여지는 대상 사이의 시선을 단순히 편집해 놀라운 긴장감을 일궈내는 연출을 선보였다. 〈새〉에는 명장면이 많지만, 그중 새들이 날아와 사람들이 모여 있는 식당과 주유소를 습격하는 모습은 〈괴물〉에 등장한 현서의 납치 장면을 떠올리게 한다. 주유소에 위치한 식당에 새의 습격이 계속되면서 사람들이 공포에 떨고(한강에 등장한 괴물처럼), 이러한 상황을 모른 채 담배를 피우던 남자가 새의 공격에 불을 떨어뜨린다(사람들이 소리치지만 듣지 못한다). 불은 흘러나온 석유를 따라 기름 탱크로 옮겨지고, 주유소에 거대한 폭발이 일어나면서 아수라장이 된 모습을 새의 시점으로 하늘에서 내려다본다.

이 장면이 유명한 이유 중 하나는 이 상황을 지켜보는 멜라니의 시선과 폭파를 일으키는 장면이 정확하게 교차 편집되어 있기 때문이다. 보는 자인 멜라니와 보이는 대상인 불의 이동은 정확하게 호응하며 긴장감을 일으킨다. 더 놀라운 것은 불이 이동할 때 멜라니가 놀라는 표정은 보여주지만 정작 멜라니가 지르는 소리는 들리지 않는다. 무성영화 시절부터 출발했던 히치콕 감독은 결정적인 장면들을 무성영화처럼 만들었다. 여주인공의 표정과 시선 그리고 불길의 이동 장면이 몽타주 되는 순간은 순전히 시각적인 편집으로 긴장을 극대화한다. 카메라가 새의 시점으로 주유소를 내려다보는 장면에 이르러서야 비로소 소리가 되살아난다.

괴물에 의해 현서가 납치되는 장면도 유사하다. 현서가 터진 맥주 캔을 향해 소리를 들으며 걸어가다가 강두의 손에 붙들려 달리는 순간 사람들의 비명이 깔린다. 하지만 두 사람이 내는 소리는 진공상태에 있는 것처럼(노이즈 캔슬링된 것처럼) 들리지 않는다. 강두가 넘어지고 히치콕 영화에 어울릴 법한 음향효과가 더해지면서 긴장감이 고조된다. 동시에 사람들이 지르는 비명소리는 다소 멀어진다. 다시 일어선 강두가 달리다가 엉뚱한 손을 잡았다는 사실을 알고 뒤를 돌아서 현서를 향해, 현서 뒤에 있는 괴물을 손가락으로 가리킬 때 〈새〉의 습격 장면처럼 영화의 모든 소리가 사라진다. 클로즈업된 강두의 얼굴과 입은 느리게 소리치고 있지만 소리는 전혀 들리지 않는다. 현서가 일어서서 아빠를 응시한다. 그제야 현서는 뒤를 돌아본다. 무성영화처럼 인물의 클로즈업과 동작만으로 납치되는 순간을 표현해주는 편집 장면은 〈새〉를 참조하여 창조해낸 봉준호의 연출이다. 괴물이 현서를 납치한 후에야 비로소 새가 날아가는 소리가 화면 안에 사운드로 들어온다. 이어서 괴물이 현서와 함께 물에 뛰어드는 순간 첨벙 소리가 나면서 영화의 모든 사운드가 되살아난다.

또하나 연상되는 작품 역시 알프레드 히치콕의 영화다. 시선에 관한 명작인 〈이창〉(1954)은 주인공 제프가 바라보는 세계를 다루고 있다. 사진작가 제프는 사고로 다리를 다치고 집에 머물면서 이웃집을 훔쳐보며 시간을 보낸다. 그는 이웃집 남자 쏜월드가 아내를 죽였다고 생각하기 시작한다. 자신이 잠든 새벽에 사건이 일어났다고 추론하면서 친구인 경찰을 부르고, 사람들에게 설명하려고 든다. 그레이스 켈리가 연기하는 여자친구이자 모델인 리사가 제아무리 화려한 옷을 입고 아름답게 등장하여도 제프의 눈을 사로잡는 것은 이웃집 남자다.

그런데 리사가 제프의 눈에 들어오는 순간이 있다. 영화 후반부에 리사는 이웃집 남자가 집을 비운 사이 증거를 찾기 위해 이웃집에 숨어들어간다. 멀리서 이웃집 남자가 귀가하는 장면이 보이고, 이 상황을 지켜보던 제프는 리사를 걱정하며 자신의 눈앞에 펼쳐지는 세계에 완전하게 몰입한다. 이 장면에는 여러 해석이 있지만 가장 흥미로운 해석은 여자친구인 리사가 현실이 아니라 자신이 바라보는 이웃집 세계에 들어갈 때 비로소 제프가 관심을 갖게 된다는 것이다. 이웃집 남자와 리사가 실랑이를 벌이는 장면은 두 개의 존재가 하나의 프레임에 담기는 순간이 된다. 마치 강두의 눈에 괴물과 현서가 하나의 프레임에 담겼던 것처럼 두 존재가 통합된 장면은 납치 사건이 일어났음을 보여줄 뿐만 아니라 강렬한 인상을 주며 영화를 이끄는 기폭제가 된다. 이것은 강두가 어떻게 괴물을 잘 보는가를 설명하는 영화 스타일의 분석이다. 이웃집 남자를 보던 제프가 이웃집으로 숨어들어간 리사를 잘 볼 수밖에 없었던 것처럼, 강두에게 괴물을 보는 일은 곧 현서를 보는 행위가 된다.

강두는 끊임없이 보는 자가 된다. 임시 장례식장에 모여든 가족들은 현서의 장례식 사진을 함께 본다. 가족들은 직접적으로 괴물을 보지는 못했다. 이들은 바이러스 검사를 하려 병원으로 이송된다. 그곳에서 탈출한 가족들이 한강 매점에 모여 끼니를 때운 후에 졸거나 쉬고 있을 때 바깥에 있는 괴물을 가장 먼저 발견하는 인물이 바로 강두다. 평소에는 잘도 잠을 자던 강두는 더이상 괴물을 향한 시선을 놓치지 않는다. 심지어 또다시 경찰에게 잡혀간 강두가 병상에서 마취 주사를 맞은 후에도 한 시간 넘게 잠들지 않는 인물로 변신한다. 강두는 보는 자에서 깨어 있는 자가 된다. 이 깨어 있음은 놀라운 능력까지 부여한다. 그는 자신을 검사하러 온 미국인의 대화 속에서 '노 바이러스'의 의미를 알아듣기까지 한다. 또다시 병실에서 탈출한 강두는 가족들 중 가장 먼저 괴물의 은신처를 찾는다.

괴물의 죽음 이후 모든 사건이 정리되고 홀로 매점에 앉아 있는 강두는 더이상 잠드는 인물이 아니다. 그는 겨울이 찾아온 한강을 바라본다. 바깥은 어둡고 고요하지만 강두는 오른쪽에 총을 놓아둔 채 수상한 소리가 나는 한강을 노려본다. 그는 눈을 치켜뜬 파수꾼이다. 강두는 언제 올지 모르는 한강을, 어둠을 응시한다. 그에게는 새롭게 돌보고 지켜야 할 또다른 아이가 있기 때문이다. 강두의 시선으로 시작하여 강두의 시선으로 끝나는 〈괴물〉은 잠든 아버지로 시작하여 잠들지 않는 아버지의 모습으로 마무리된다. 그는 거대한 괴물뿐만 아니라 자신의 딸을 지킬 수 없었던 괴물 같은 세상을 보았기에 더이상 잠들지 않는다. 본다는 것은 깨어 있음이다.

연기 속으로

하지만 눈을 뜨려고 해도 눈 앞에 있는 현실을 목격하는 것은 언제나 쉽지 않은 일이다. 봉준호의 영화에는 주인공의 눈을 가리거나 속이는 장치가 자주 등장한다. 〈기생충〉에서 기우의 가족이 피자 상자를 접는 일을 할 때 창문 밖에서 방역 작업을 하는 사람이 연기를 뿜어대며 소독을 한다. 창문을 닫으라는 기정의 말에 아버지 기택은 "공짜로 집안을 소독도 하고, 곱등이도 없애고"라는 이유로 내버려두자고 한다. 집안으로 들어온 연기는 가족들을 콜록거리게 만든다. 그 와중에 기택은 피자 상자 접는 동영상을 보며 빠른 속도로 상자를 접기 시작한다. 기택은 연기 속에서도 유일하게 보는 자처럼 그려진다. 그러나 연기 속에서 제대로 보는 것이 아니었음은 금세 들통이 난다. 피자집 사장은 가족들이 접은 박스 네 개 중 하나가 불량이라며 지급 비용의 10퍼센트를 빼겠다고 말한다. 연기는 안개처럼 기택의 눈을 가린 것이다.

〈괴물〉에는 방역차가 등장한다. 방역 작업은 임시로 마련된 장례식장에서, 한강 다리 아래로 다니는 자동차를 통해 살포된다. 이 연기는 일종의 속임수다. 영화를 끝까지 본 관객들은 괴물이 퍼트리는 바이러스가 없다는 사실을 잘 알고 있다. 하지만 방역차가 살포한 연기는 바이러스가 있는 것처럼 연출하고, 괴물의 존재를 가리는 연막 효과를 일으킨다. 강두와 가족은 괴물이 있는 한강을 보고 싶어하지만 방역차의 연기로 가득한 그곳을 제대로 볼 수가 없다. 미디어에 의해 살포되고 언론에 의해 퍼지는 연기는 상징적인 차원에서 매체 자체다. 봉준호의 영화 속에서 미디어는 자주 연막과도 같은, 현실의 눈을 가리는 역할을 한다.

이러한 연기가 처음으로 등장하는 영화는 데뷔작 〈플란다스의 개〉다. 아파트 단지에서 거슬리게 짖어대는 개를 잡아 살해한 윤주 앞에 아내는 퇴직금으로 개를 데리고 와 잘 돌보라고 산책을 명령한다. 윤주는 개와 함께 아파트 단지의 공원을 걸어간다. 그 순간 소독 장비를 든 사람이 연기를 뿌리며 지나가고, 윤주는 길에 떨어진 복권을 발견한다. 기쁜 마음에 복권을 긁지만 연기가 사라질 무렵 개가 사라졌다는 것을 알게 된다. 〈옥자〉에서는 도살장 외부로 침입하여 내부로 들어가던 미자가 복도 앞에서 연기가 깔리는 순간을 맞이한다. 연기가 희미하게 걷히고 미자의 눈에 들어온 것은 고깃덩어리들이다. 미자는 고기를 나르는 컨베이어벨트를 따라가면서 거대한 도살 기계와 마주한다.

봉준호의 영화에서 연기는 현실을 가로막아버리고, 주인공들을 곤란한 지경으로 이끈다. 〈기생충〉에서 방역 작업을 할 때 기택이 던진 "요즘도 저런 걸 하네"라는 말은 최소한 두 가지 뉘앙스를 담고 있을 것이다. 먼저 봉준호 감독이 소독하는 장면을 자신의 인장처럼 즐겨 담아왔지만 〈기생충〉이 제작된 시점에서는 이러한 모습이 어색할 수 있다. 오늘날 특별한 경우나 감염병이 위협하는 시기가 아니라면 도심에서 방역하는 풍경을 과거처럼 마주하기가 쉽지 않기 때문이다. 또다른 뉘앙스로는 이 장면이 이상한 순간을 보여주고 있음을 감독이 개입하여 직접적으로 강조한다고 생각할 수 있다. 모두가 모여 피자 박스를 접는 단란한 순간에 불안한 연기가 스며들면서 다가올 앞날을 예고하는 것이다. 피자 박스를 접은 돈으로 가족들은 조촐한 맥주와 과자 파티를 열지만 이 단합의 순간은 기우의 친구 민혁이 등장하면서 욕망을 좇아 죽음으로 가는 시작이기도 하다.

보이지 않는 풍경을 그려내며 인물들이 빠져드는 순간을 묘사하는 방식은 연기에 국한되지는 않는다. 비슷한 효과의 연출 방식들이 있다. 아들 도준의 누명을 풀기 위해 진태의 골프채를 경찰서에 들고 갔던 〈마더〉의 엄마는 면박을 당한 후 쓸쓸히 경찰서를 나온다. 엄청난 비가 쏟아지는 거리는 안개로 가득찬 것처럼 뿌옇다. 엄마는 부서진 우산을 신고 가는 고물상 리어카를 본다. 그녀는 리어카 뒷자리에 실린 우산을 집어들고 고물상 노인에게 이천 원을 건네준다. 노인은 그중 천 원만을 받고 돌려준다. 두 사람이 만나는 장면은 살해된 여고생의 휴대전화 사진에서 고물상 노인을 확인했을 때 엄마의 기억 속에 반복된다. 도준의 말을 들은 엄마는 노인이 진짜 범인이라고 확신한다.

이 장면은 무척이나 흥미롭다. 두 사람의 만남은 어디에서도 도움을 받지 못한 엄마가 자신과 비슷한 처지의 인물을 통해 교감을 나누는 순간이기 때문이다. 〈괴물〉에서 노숙자와 연대하여 화염병을 던지는 현서의 삼촌 남일처럼, 〈마더〉에서는 엄마와 노인이 물건을 교환한다. 그런데 영화 후반부에서 두 사람의 만남은 용의자와의 첫 만남으로 전환된다. 죽은 아정의 휴대전화에서 노인의 사진을 발견한 엄마는 그를 찾아간다. 폭우 속에서 우산을 구할 수 있었던 만남의 순간이 진실을 밝히려고 범인을 쫓는 엄마와 용의자의 대면으로 바뀐 것이다. 고물상으로 찾아온 엄마를 노인이 알아본다. 하지만 엄마는 만난 적이 있다는 사실을 일부러 부정하면서 살인사건의 정황을 확인하기 위해 노인에게 은근슬쩍 질문을 던진다. 그런데 노인의 입을 통해 나오는 것은 아들 도준이 진범이라는 확증이다. 엄마는 노인을 살해해버린다. 빗속에서 만났던 두 사람은 영화의 막바지에 이르러 가해자와 피해자로 변모한다. 안개 효과를 일으키는 빗줄기는 사건의 진실을 삼켜버리는 거대한 구멍이 된다.

〈설국열차〉는 어둠 속으로 들어간다. 요나의 경고에도 불구하고 다음 칸의 문을 열어버린 커티스 일행은 적외선 장비를 착용한 진압군과 마주친다. 잠시 후 어둠의 긴 터널이 시작되면서 커티스 일행은 무자비하게 도륙당한다. 〈살인의 추억〉은 어둠이 드리워진 터널 앞에서 박현규를 붙잡고서 배달된 한 장의 서류로 끝난다. DNA 검사 결과 박현규는 범인이 아니었다. 긴 터널의 어둠 속으로 모든 것이 사라지는 이 순간은 형사들의 망연자실한 눈빛과 함께 끝내 빛을 찾아내지 못한 무기력함을 고스란히 전달한다. 봉준호의 영화에 자주 등장하는 안개, 연기, 어둠, 빗방울은 인물들이 보고자 하는 것을 가리고, 끝내 엉뚱한 곳으로 데려간다.

연기 속으로 스며드는 이 불길한 순간들은, 단순히 보는 것을 방해받는 비극적인 사태로 끝이 나버리는 것일까? 꼭 그렇지는 않다. 어둠 앞에서 커티스는 황급히 불을 가져오라고 외친다. 어렵사리 꼬리 칸에서 전달된 횃불은 싸움의 전세를 역전시키고, 커티스 일행이 계속 나아갈 수 있는 길로 이어진다. 상류층 칸에 속한 사람들은 어둠 속에서 크로놀에 중독된 채 눈과 마음을 가리고 살아가고 있다. 그들은 화려한 조명 아래 살아가지만 자신의 공간을 어둠으로 채워가며 현실을 견딘다. 반대로, 꼬리 칸에 있는 사람들은 앞칸으로 나아가기 위해 불을 모으고 어렵사리 전달된 불로 어둠을 통과해야만 하는 사명감이 생긴다. 하지만 커티스는 진압군과 불을 들고 싸운 어둠 속 대결에서 자신의 오른팔과도 같은 에드거를 비롯하여 많은 사람을 잃었다. 이처럼 봉준호의 영화에서 빛과 어둠은 서로 뒤엉키면서 변증법적으로 전개된다. 어둠이 있기에 빛을 찾고, 빛 속에서 스스로 어둠으로 들어가 중독된 삶을 살거나 사랑하는 이들을 죽음 속으로 보낸다.

하지만 어둠을 통과한 이들에게는 〈괴물〉의 강두처럼 괴물이 사라진 후에도 총을 곁에 둔 채 밤중의 한강을 응시하는 파수꾼의 자격이 주어진다. 파수꾼의 임무는 다음과 같다. 괴물은 사라지고 세상은 평화를 되찾았지만, 빛이 사라지고 밤의 시간이 되면 언제든 괴물이 다시 찾아올 수 있기에 쉽게 잠들지 못하는 것이다. 관객은 연기, 어둠, 구멍, 빗속을 응시하는 〈살인의 추억〉의 박두만, 〈괴물〉의 박강두, 〈설국열차〉의 요나 그리고 세상을 자동차의 사이드미러로 되비춰보는 〈플란다스의 개〉의 현남을 보면서 다시금 생각하게 되는 것이다. 어둠을 뚫고 오는 시선과 빛을 응시하면서.

훔쳐보는 것

영화 관람이 훔쳐보기와 관련을 맺는다는 것은 잘 알려져 있다. 훔쳐보기는 시각적 매체로서 영화의 본질이자 인간의 기초적인 욕망이기도 하다. 스크린에서 배우들이 연기하는 사생활을 관객들은 어둠 속에 앉아 기꺼이 돈을 지불하고 훔쳐본다. 그런데 훔쳐보기는 관객이 아니라 인물에게 종종 위협적인 상황이 되기도 한다. 훔쳐보기는 윤리와 연결된 문제이기 때문이다. 알프레드 히치콕의 훔쳐보기 영화인 〈이창〉에서 주인공 제프는 이웃집 남자의 사생활을 훔쳐보다가 결국 이웃집 남자의 방문을 받게 된다. 창문에 매달린 제프는 아래로 떨어져서 남은 한쪽 다리마저 다치는 사고를 당한다. 그럼에도 이 영화에서 중요한 것은 관음증에 대한 처벌이 아니라 멀쩡한 다리를 희생하고서라도 훔쳐보고자 하는 욕망의 순수성이다. 이웃의 사생활을 훔쳐본다는 것은 비도덕적일 뿐만 아니라 자신에게 위협이 되는 행위임에도 불구하고 우리는 관음증의 시선을 거둘 수가 없다.

봉준호의 영화에서 가장 에로틱한 훔쳐보기는 〈마더〉에서 아들의 친구인 진태의 집을 뒤지는 장면이다. 진태와 여자친구가 집으로 들어오고 엄마는 옷장에 숨어 두 사람을 지켜본다. 두 사람은 정사를 나눈다. 그 순간을 바라보는 엄마의 표정은 미묘하다. 엄마가 손에 들고 있는 것은 진태의 범행 도구로 추측되는 피가 묻은 골프채이고, 그녀는 정사를 나누는 남녀와 골프채를 번갈아 바라본다. 살인과 섹스가 결합되어 있는 이 장면은 봉준호의 훔쳐보기가 무엇을 가리키는지를 잘 드러낸다.

〈마더〉에 근친상간을 암시하는 대사들이나 상황들이 등장한다는 지적은 자주 있어왔다. 도준을 놀리는 대사를 통해, 엄마가 자신의 허벅지에 침을 놓을 때나 도준이 엄마와 함께 잠을 청하면서 가슴을 만질 때 그리고 아들 친구 진태가 엄마에게 반말하는 모습을 보여주며 성적 상상력들이 작동하도록 배치되어 있다. 그러나 직접적으로 성적 관계를 드러내진 않는다. 오히려 도준의 어린 시절 기억을 통해 다섯 살 무렵 엄마가 자신을 죽이려고 했다는 진술이 소름 끼치게 전달된다. 〈마더〉에서 아들 도준이 진술하는 것은 엄마의 섹스 혹은 엄마와의 섹스에 대한 기억이 아니라 자신을 향한 살인의 기억memory이다.

　성적인 것과 살인의 기억이 뒤엉켜 있는 것은 〈살인의 추억〉에서도 마찬가지다. 연쇄살인 희생자들은 성폭력을 당한 후 살해되었다. 범인을 목격한 백광호는 향숙이라는 이름을 거론하며 "향숙이의 빤스"를 떠올린다. 여성의 속옷을 입고 일하는 용의자 조병순은 범행 장소까지 나가서 자위하는 변태적 성향의 인물로 묘사된다. "이런 잡지들보다도 우리 동네 실제 사건들이 훨씬 더 세요. 사건 기사들을 보면서 상상의 나래를 펼치면 내가 또 왜 이러나……"라는 조병순의 진술은 살인과 성적 욕망이 뒤엉켜 불쾌감을 유발한다. 〈살인의 추억〉에서는 살인사건만큼이나 성적 묘사가 자주 등장한다. 형사 박두만은 동네를 돌아다니며 주사를 놓는 곽설영과 내연 관계다. 초반부에는 두 사람이 정사를 나누는 모습이 등장한다. 이는 경찰서 반장이 두 남자를 두고 설명하는 장면에서 이어진다. 두 남자 중 한 명은 강간범이고, 다른 하나는 그에게 성폭행을 당한 여동생의 오빠다. 반장은 "어느 놈이 강간범인지 한번 알아맞혀보시오"라고 박두만에게 말한다. 박두만은 두 사람을 쳐다본다. 화면이 바뀌면 박두만은 곽설영과 정사를 나누고 있다.

　훔쳐보기를 떠올리면(영화 속 인물들이든 스크린을 보는 관객이든) 성적인 것을 떠올리기가 쉽다. 하지만 봉준호의 영화에서는 살인의 추억을 성적인 것과 뒤섞어놓고, 성관계를 훔쳐보는 순간을 골프채와 같은 살인 도구를 찾는 일과 연결하면서 섹스와 살인을 하나의 프레임으로 통합한다. 이러한 통합은 캐릭터나 이야기 전체를 구성하는 방식이 되기도 한다. 〈괴물〉은 성적인 것을 은유화하는 대표적인 사례다. 괴물은 자주 사람들을 삼키고, 내뱉는다. 수많은 괴수 영화에서 그러하듯이 괴물의 입속은 자궁의 구실을 하며, 그곳에서 사람들은 죽음과 탄생을 맞이한다. 동시에 괴물의 거대한 입은 살인의 직접적인 도구이기도 하다. 괴물에게 납치된 현서는 이러한 장면을 훔쳐본다. 뿐만 아니라 도망을 치려던 현서도 괴물의 입속에 삼켜지고 만다. 〈플란다스의 개〉에서 고윤주의 아내는 임신을 한 상태다. 그런데 윤주는 자신의 신경과민을 빌미로 아파트 단지에서 짖는 개를 지하에 가둬버린다. 윤주는 임신한 아내를 두고 아파트 단지에서 아이처럼 돌봄을 받는 애완견들을 없애려고 한다(이러한 설정은 히치콕의 〈이창〉에 등장하는 개를 떠올리게 한다).

섹스와 살인이 뒤엉켜 있는 일련의 장면들은 봉준호의 영화가 단순히 성적인 것을 억압하고 모든 것을 살인으로 대체하는 게 아닌가라는 의구심이 들게 할 수 있다. 데이비드 핀처의 〈조디악〉(2007)에 등장하는 용의자가 언론사에 보낸 암호문의 일부처럼 "인간은 가장 위험한 동물이다. 사람을 죽일 때의 짜릿함은 섹스할 때보다 더 황홀하다"는 식으로 해석할 여지를 주는 것이다. 하지만 봉준호의 영화에서 〈조디악〉의 문구처럼 살인의 황홀함을 묘사하거나 다루는 경우는 드물다. 봉준호가 자주 보여주는 것은 섹스와 살인의 욕망이 뒤엉켜 있는 훔쳐보기다. 주인공들은 불쾌한 순간들을 끊임없이 훔쳐보고 두려워하는 동시에 매혹된다.

불가리아 출신의 철학자 줄리아 크리스테바는 불쾌함과 매혹이 뒤엉킨 것을 두고 아브젝시옹abjection이라고 불렀다. 크리스테바는 응고된 우유, 똥, 구토, 시체 등을 아브젝시옹의 예로 든다. 기본적으로 아브젝시옹은 더러운 것이지만 동시에 자신(인간)으로부터 나온 것들이기도 하다. 인간은 아브젝시옹에 매혹되는 순간을 통과하면서 성장한다. 어릴 적에는 '방귀 대장 뿡뿡이'에게 열광하다가 성장하면서 똥을 연상시키는 것들은 배제시킨다. 아브젝시옹은 나에게 속해 있지만 동시에 나를 위협할 수 있다. 주체는 끊임없이 아브젝시옹을 훔쳐보는 동시에 밀어내고자 한다. 봉준호가 훔쳐보는 섹스와 살인, 병에서 흘러나온 물과 시체, 하수로에 잠겨 있는 썩어가는 시체, 괴물의 아가리와 타액은 자신이 속한 세계에서 몰아내야 하는 아브젝시옹들이다.

봉준호 영화에서 가장 유명한 아브젝시옹은 〈설국열차〉

의 '단백질 블록'이다. 남궁민수와 함께 문을 열고 나가던 커티스 일행은 단백질 블록을 만드는 폴과 만나게 된다. 그곳에서 원재료가 들어 있는 기계를 내려다보던 커티스가 놀란다. 꼬리 칸 사람들의 유용한 양식이었던 단백질 블록은 보기만 해도 역겨운 바퀴벌레를 주재료로 만들고 있었다. 우리의 몸에서 만들어지는 땀과 피처럼, 인간의 신체에 필요하지만 동시에 역겨움의 대상이 되는 것은 아브젝시옹의 문제다. 〈옥자〉의 돼지고기도 아브젝시옹으로 작동하는데, 역겨운 세계를 대변하는 돼지고기는 자본가들에게 매혹적인 상품이자 동시에 혐오스러운 식품으로 화면을 채운다.

아브젝시옹은 단순한 사물이나 소재를 넘어서 영화의 리얼리티를 구성하는 문제이기도 하다. 〈옥자〉에 등장하는 미자 집의 식기들은 현실감을 강조하기 위해 최대한 더럽게 치장되었다. 봉준호 감독이 창조한 세계에서 현실감을 제대로 구현하기 위한 아브젝시옹이다. 〈기생충〉에 등장하는 반지하방을 사실적으로 만들어내기 위해 미술팀은 일부러 음식물 쓰레기를 반지하 세트 공간에 뿌려놓았다고 한다. 미술적 색감으로만 만들어낼 수 없는 자연스러운 아브젝시옹을 위해 자연적인 것들을 영화적 공간에 끼워넣는다.

〈기생충〉은 아브젝시옹으로 채워져 있다고 해도 과언이 아니다. 남궁현자가 지은 박사장의 화려한 집 아래 지하실이라는 음습한 아브젝시옹의 장소를 마련하며, 운전기사를 내보낼 때 문제가 된 팬티, 가정부 문광이 쫓겨날 때 꾸며진 결핵처럼 집안의 화려함과 더러움이 하나의 세계로 뒤엉킨 채 존재한다. 연교는 기택의 가족들이 꾸민 계략에 속아 더러운 것들을 내보낸다. 하지만 정작 연교는 자신이 내쫓은 사람들을 대신하여 거짓말을 일삼는 더러운 존재들을 불러왔다는 사실을 알아차리지 못한다. 〈기생충〉은 연교가 바라보는 매혹과 추함이 뒤엉킨 아브젝시옹의 존재들로 전반부를 채운다. 그 가운데 기택의 가족들은 자신들이 속한 세계의 더러움을 밀어내려고 시도한다. 이 영화의 가장 중요한 모티브인 '냄새'의 경우도 마찬가지다. 이 장면은 에로틱하면서도 인간의 이중성을 보여주는 아브젝시옹의 발현인 동시에 이를 엿보는 장면까지 결합된 훔쳐보기의 절정이다.

박사장은 아내 연교에게 기택에게서 나는 냄새를 묘사한다. "오래된 무말랭이 냄새? 아, 아니다. 행주 삶을 때 나는 냄새인가. 뭐 있지 그런 거랑 비슷해." 이 말을 들은 기택은 테이블 아래 숨어 자신의 옷 냄새를 맡아본다. 박사장은 일상에서 기택이 선을 넘지는 않지만 냄새가 선을 넘는다면서 "말로 설명하기는 힘들고, 가끔 지하철 타면 나는 냄새 있어. 그런 거랑 비슷해"라고 말한다. 많은 관객과 비평가가 지적한 냄새에 대한 계급적 묘사는 아주 특별해 보이지는 않는다. 진짜 흥미로운 것은 지하철의 불쾌한 냄새를 이야기하던 박사장이 자신의 차 뒷자리를 떠올리면서 연교에게 섹스를 시도하는 순간에 시작된다. 박사장은 "당신 저번에 그 싸구려 빤스 있어?"라며 그런 것을 입으면 엄청나게 흥분될 것 같다고 성적 상상력을 발동시킨다. 박사장은 싸구려를 혐오하지만 부부 사이에 욕망의 자극제로 그것을 활용하는 이 장면은 아브젝시옹이 지닌 더러움과 매혹이라는 이중성에 정확히 부합한다. 그렇게 부부가 대화를 나누고 섹스하는 순간을 기택의 가족은 테이블 아래에 숨어 '훔쳐 듣는다'. 그것은 아브젝시옹의 응시다.

영화 전체가 아브젝시옹인 경우도 있다. 크리스테바는 어머니를 아브젝시옹의 가장 중요한 사례로 이야기한다. 정신분석학의 차원에서 아브젝시옹은 아이가 사회화 단계인 상징적 질서에 들어가기 전에 일어난다. 이 시기를 거울 단계라고 하는데, 어머니와 아이가 상상적으로 결합되어 있고, 어머니를 거울처럼 보면서 자신을 인식하는 시기임을 감안하면 된다. 사회화된다는 것은 상징적인 차원으로 들어가는 일인데, 그 순간 아이는 어머니를 밀어내버린다. 어머니는 한때 매혹의 대상이었지만 이제는 내버려야 하는 아브젝시옹이다. 크리스테바는 "주체가 되려면 아이는 자기 어머니와의 동일시를 포기해야 한다"고 말한다. 〈마더〉는 어머니를 둘러싼 복잡한 신화를 해체하면서, 어머니의 더러움 (그것도 가장 한국적인 맥락에서)을 보여주는 영화다. 아들 도준은 다섯 살 때 어머니가 자신을 살해하려고 한 순간을 기억하고 있으며, 화재로 타버린 고물상에서 발견한 침통으로 어머니가 노인을 살해했음을 알고 있다. 한 번의 살인 미수와 한 번의 살인을 알고 있는 도준에게 어머니가 설 자리는 없다. 하지만 지적장애를 지닌 도준이 어머니와 떨어져 살기는 불가능할 것이다. 이 영화는 엄마의 가슴을 만지며 잠이 드는 다 큰 아들을 보여주는 동시에 살인자인 어머니를 그려내면서 이 매혹적이면서도 불쾌한 존재를 어쩌지 못하는 아포리아의 상태로 몰고 간다. 그리스어 아포리아aporia는 '막다른 골목'이라는 뜻인데, 어머니라는 존재를 더럽다고도, 신성하다고도 규정하는 일이 불가능한 지점에서 관객들은 엄마의 춤을 훔쳐보는 위치에 서게 된다.

그런데 봉준호의 영화에서 어머니를 비롯한 '아브젝시옹'을 밀어내고 상징적 차원에 진입하는 일은 자주 실패한다. 박두만은 17년의 시간이 흘렀어도 다시 시체를 발견한 장소에 간다. 그의 삶은 해결되지 않은 사건으로부터 벗어났지만 그의 의식 한쪽에는 여전히 해결되지 않은 잔여물인 아브젝시옹이 쌓여 있기 때문이다. 시신을 처음으로 발견한 장소에 온 박두만은 자신이 이곳에 온 이유를 용의자로 짐작되는 누군가가 다녀갔다는 말을 통해 새삼스럽게 깨닫는다. 살인을 저지른 범인(근원적 아브젝시옹)은 여전히 살아 있고, 그는 또다른 장소에서 살인을 계속할지 모를 일이다. 이 불길함이 아브젝시옹의 장소인 하수구 수로를 다시 들여다보는 이유가 된다.

〈괴물〉에서 한강에 등장한 한 마리의 괴물은 사라졌지만 어둠이 내려진 한강에 언제 또 괴물이 나타날지 모른다는 불안이 오른쪽에 총을 두고 지켜보게 만드는 이유가 된다. 강두는 한강을 노려보듯 훔쳐본다. 봉준호의 영화는 더러운 것들을 끊임없이 훔쳐본다. 보신탕을 끓이는 경비원의 모습을 훔쳐보고(《플란다스의 개》), 도준의 친구가 섹스하는 장면을 훔쳐보고(《마더》, 이 영화는 성매매를 하던 여고생의 살인사건을 다루고 있다), 살해당한 여성의 성기에서 복숭아 조각이 나오는 것을 지켜보며(《살인의 추억》), 괴물에 의해 미군 병사가 삼켜지는 것을 훔쳐본다(《괴물》).

혼탁한 세계 속에서 이것들이 버려지기를 간절히 바라지만, 끝내 눈을 돌릴 수 없는 더러운 것들은 은밀한 매혹과 노골적인 공포의 경계를 가르면서 인물들을 변화시키고, 관객들을 뒤흔든다. 그것은 연인들의 키스하는 장면을 훔쳐보는 것이 아니라 살인마가 지나간 후 피로 얼룩진 장소를 다시 훔쳐보는 일이다. 이러한 아브젝시옹의 보기를 통하여 봉준호는 그 시절, 그 사건, 그 경험으로부터 끝내 성장하지 못하는 세계를 그리고 있는지도 모른다.

시선의 변증법

보는 것은 동시대 한국 영화 감독들에게 구현되는 중요한 형식이다. 2000년대 이후 등장한 감독들의 상당수는 시네필이었고, 자신이 본 영화의 목록과 비전들을 새롭게 해석해내면서 자신의 작품 속에서 인물과 카메라가 무엇을 보고 있는가라는 문제를 이전 세대보다 심도 있게 다룬다. 무엇을 볼 것인가, 어떻게 볼 것인가, 그것이 무슨 문제를 일으키는가 하는 고민은 작품에 철학적 깊이를 부여하면서 영화의 본질을 파헤치고, 영화의 허구성을 폭로하거나 뒤틀어버린다. 장준환 감독의 〈지구를 지켜라!〉는 봉준호 감독의 〈살인의 추억〉과 함께 싸이더스에서 제작되었고, 〈지구를 지켜라!〉는 2003년 4월 초, 〈살인의 추억〉은 2003년 4월 말에 개봉한다. 두 감독은 아카데미를 함께 다녔고, 서로의 단편 작업을 도와주기도 하였다. 장준환과 봉준호가 공동으로 집필한 시나리오가 영화 〈유령〉이다.

〈지구를 지켜라!〉는 주인공 병구가 보는 세계, 나아가 믿는 세계가 어떻게 완성되는지를 보여주는 영화다. 유제화학의 강만식 사장을 외계인이라고 생각하는 주병구는 강사장을 납치한 후 협박과 고문으로 진실을 고백하도록 위협한다. 유제화학 공장에서 일하던 사랑하는 연인을 잃고, 어머니마저 공장에서 일하다가 병이 들어버린 상황에서 병구는 강만식 사장이 안드로메다에서 온 외계인이라고 확신한다. 그가 강사장을 의심하는 증거로 모은 것들은 잡지, 만화 그리고 외계인을 다룬 SF 영화들이다. 관객들은 병구가 수집한 증거를 보며 그가 시네필일지는 몰라도 정상적인 사람은 아닐 수 있다는 의심을 갖게 된다. 그런데 놀랍게도 망상처럼 보이던 병구의 판단은 영화의 끝에서 진실로 판명난다. 강사장은 외계인이었을 뿐만 아니라 그토록 만나고 싶어하던 안드로메다 행성의 외계인 왕자였다.

장준환, 봉준호 같은 시네필 감독에게 주인공의 영화적 상상력이나 환상은 현실보다 더 강력한 힘을 발휘한다. 〈지구를 지켜라!〉의 몇몇 장면은 리들리 스콧의 〈블레이드 러너〉(1982)와 스탠리 큐브릭의 〈2001: 스페이스 오디세이〉(1968)의 패러디이기도 하다. 시네필 감독들의 세계 속에서 영화는 현실 그 자체로 인용되기도 하고, 〈지구를 지켜라!〉

의 마지막 장면처럼 지구가 폭파되는 기이한 순간을 연출해내기도 한다. 그것은 현실의 차원에서는 쉽게 도달하기 힘든 망상이자 거대한 환상이다.

초창기 장준환 감독과 비교하면 상대적으로 봉준호 감독의 영화는 현실적으로 보인다. 시네필 세대의 감독답게 영화적 인용과 재해석이 보이지만 주인공이 망상을 지녔다고 할지라도 그것을 노골적으로 밀어붙이는 경우는 없다. 그런데 종종 이상한 환상이 개입한다. 〈괴물〉의 중반에 병원에서 탈출한 가족들이 매점으로 돌아와 컵라면으로 끼니를 때우는 대목을 보자. 가족들 사이로 납치된 현서가 일어나 이들과 함께한다. 현서가 컵라면을 먹는 가족들 사이로 손을 뻗어 김밥을 집어먹는다. 강두는 계란을 까 소금에 찍어 현서의 입에 넣어준다. 이어서 고모가 현서를 쓰다듬고, 삼촌은 소시지를 건네주고, 할아버지는 만두를 먹여준다. 이 환상 장면은 봉준호의 영화에서 이례적인 순간이다. 도저히 실현될 것 같지 않은 가상의 시간을 단란한 가족의 모습으로 보여주고 있다.

〈기생충〉에서는 침수된 반지하 집에서 물건들을 건지는 순간 아들 기우 앞에 친구가 선물로 준 산수경석이 떠오르는 장면이 여기에 해당한다. 현실적으로는 물위에 떠오를 수 없는 돌덩어리이지만 기우는 이 돌이 자꾸만 자신을 따라다닌다며 가볍게 건져올린다. 현실이기보다는 기우의 환상이라고 할 수밖에 없는 이 장면은 기우의 소망이 이뤄지지 않으리라고 역설한다.

봉준호의 영화에서 환상적 순간들은 영화적인 비전의 표현이다. 인물의 욕망을 시각적으로 구현해내는 동시에 인물의 마음을 드러낸다. 하지만 결코 이뤄지지 않는다. 이들의 소망은 절정에 치달을수록 처참하게 무너져내린다. 기우는 근세가 내리친 돌에 깔려버리고, 현서는 가족들이 주는 음식을 먹는 것이 아니라 괴물의 입에 잡아먹힌다. 일반적인 대중영화의 시나리오가 일정한 소망 충족을 이루어준다면, 봉준호의 영화는 소망의 비전은 제시하지만 소망의 결과를 허락하지 않는다. 〈옥자〉의 미자는 비록 옥자를 구해냈지만 도살되는 수많은 슈퍼 돼지를 막지는 못했다. 그렇다면 이 영화는 구원에 성공한 것인가? 실패한 것인가? 둘 다 아니라면, 개인적인 차원에서 이룩한 구원을 애매한 구원이라고 불러야 할 것이다. 〈설국열차〉의 커티스는 기차의 앞칸까지 가는 데 성공하지만 폭파된 열차에서 살아남지는 못한다. 요나와 남자아이 티미만이 살아남는다. 꼬리 칸에서 잡혀간 두 아이 중 하나만 살아남는 것이다. 커티스의 반란은 성공한 혁명인가? 최소한 윌포드를 죽이고 기관실을 점령했기에 그의 소망은 이뤄진 것인가? 〈괴물〉의 강두는 괴물을 죽이는 데 성공하지만 현서를 잃고 만다. 그의 추격전은 성공한 것인가? 아니면 실패한 것인가?

판타지와 현실, 소망과 실패를 오가며 봉준호의 영화는 관객들을 예상하지 못한 지점으로 데려다놓는다. 그것은 처음과 다른 세계는 아니다. 〈살인의 추억〉은 처음 시체를 발견한 하수구 터널을 끝에 이르러 다시 찾아가며, 〈괴물〉은 앞에서 언급한 현서와 가족들이 함께 밥을 먹는 대신 새로운 식구인 어린아이 세주와 강두가 함께 밥을 먹는 것으로 마무리한다. 〈옥자〉는 처음에 그랬듯이 식구들이 모여 식사하는 풍경을 보여주지만 새로운 어린 돼지가 함께 있는 모습으로 마무리되며, 〈마더〉는 엄마가 춤을 추는 장면을 반복하여 마무리한다. 영화의 마지막에 등장하는 이미지들은 낯선 풍경이 아니라 이미 보았던 장면의 변주다. 그럼에도 불구하고 관객은 마지막 장면을 새롭게 느끼게 된다. 같은 세계를 다르게 받아들이도록 하는 연출은, 같은 사물, 같은 사건을 달리 보고자 하는 봉준호 영화의 충실한 비전이다.

현대 회화는 하나가 아닌 여러 개의 소실점을 사용해 감상하는 이들을 혼란에 빠뜨렸다. 다중 시점의 활용은 보다 정밀하게 세계를 보고, 화폭에 담기 위함이다. 세잔의 정물화가 다양한 소실점을 통해 사물의 본질적인 색채와 형태를 구현하려고 했듯이, 봉준호의 영화 역시 단 하나의 시선과 시점이 아니라 파고들고, 뒤집고, 재구성하는 다양한 변증법적 시선으로 세계의 형태와 색채를 그려내고 있다. 시선의 변증법이라고 부를 수밖에 없는 그의 보여주기는, 주인공이 지닌 단 하나의 정당성을 따라가기보다는 흔들리는 정당성의 위기를, 딸을 찾으려 괴물을 추적하는 주인공 강두의 목소리 하나가 아니라 가족들의 다양한 목소리를, 옥자를 추격하는 데 소녀 미자뿐만 아니라 동물해방전선을 끼워넣는다. 이들이 모여 영화의 비전은 처음 있던 장소를 달리 보게 한다.

시선들이 어떻게 중첩되고 왜곡되는지가 봉준호 영화가 반복적으로 추구하는 영화 언어의 핵심이다. 세계는 온갖 사건과 사고들로 채워져 있지만 영화는 시선의 얽힘을 통해서 완성된다. 봉준호의 영화는 단일한 시선이 아니라 복합적인 시선으로, 비판과 위험을 감수하면서 관객들을 마지막 지점으로 이동시킨다. 그것은 거대한 터널처럼 어둠이 입을 벌리는 형상으로 공포를 일으키기도 하지만, 단출한 식탁에서 밥을 먹는 장면처럼 소박하고 정제된 혼돈 속 질서를 보여주기도 한다. 중요한 것은 어디를 향하든지 봉준호의 비전은 괴물과 살인마와 폭주하는 기관차 아래 숨어 있는 세계의 비밀을 폭로한다는 점이다. 그 속에 아이들이 숨어 있을 수도 있고, 언제 튀어나올지 모를 괴물이 잠들어 있을지도 모른다. 혹은 주인도 알지 못하는 지하에 숨어 사는 근세가 지상으로 튀어나오기도 한다. 이 또한 일종의 환상처럼 여겨질 수 있는 장면들이지만 봉준호 감독은 최대한 환상의 비전과 현실의 풍경을 좁혀서 겹쳐놓는다. 봉준호 영화의 시각적 변증법은 대립하는 두 세계를 하나의 프레임 안에 둠으로써 일어나는 착시 효과인 동시에 각성을 일으키는 비전이 된다. 그 시각적 형상은 입체파의 그림처럼 완전히 왜곡되어 있지는 않을지라도, 현실을 비틀어 그 틈새로 들여다보게 하는 인식의 공간을 만들어낸다. 카메라가 관객의 시선을 이끌어가는 곳이 바로 그 틈새들이다. 그리하여, 주인공들은 쉼없이 바라본다. 시체가 놓여 있는 하수구를, 괴물이 올라오는 한강 둔치를. 언제 다시 켜질지 모르는 대저택의 불빛을 응시하며 기다리는 것이다.

chapter 6

헤
테
로
토
피
아
에
서

헤테로토피아

        미셸 푸코의 저작 중 '헤테로토피아'라는 개념은 1966년 4월 프랑스에서 출간한 『말과 사물』에서 처음으로 등장한다. 이 책의 서문에는 보르헤스가 쓴 '어느 중국 백과사전'을 인용한 후 몇 가지 설명이 추가된다. 푸코에 따르면 거기에서는 사물들이 서로 다른 자리에 머무르고 놓이고 배치돼 있기에, 그것들을 수용할 공간을 찾아내는 일이, 다양한 자리들 아래에서 공통의 장소를 규명하는 일이 불가능하다. 이는 보르헤스뿐만 아니라 현대의 다양한 예술가들과 작가들에게 중요한 과제처럼 보인다. 빠르게 가속되는 속도전과 변화하는 세계의 모습 속에서 그 어느 때보다 사물들은 손쉽게 중첩되어 있고, 욕망은 뒤엉켜 있으며, 이를 단일한 공간으로 인식하는 것이 곤경에 처했기 때문이다.

  아르헨티나의 작가 보르헤스는 이 분야의 선구자다. 그

가 쓴 '어느 중국 백과사전'은 기존의 서구적인 이성 체계와 분류법으로는 접근할 수 없는 사물들을 사전 속에 배치한다. 동물을 '황제에게 속하는 것, 향기로운 것, 식용 젖먹이 돼지, 인어, 신화에 나오는 것, 풀려 싸대는 개' 등으로 분류하는 것을 보면 기존의 인식 체계로서는 도저히 범주화할 수 없는 항목의 분류법이다. 한술 더 떠 '지금 분류에 포함된 것, 수없이 많은 것, 방금 항아리를 깨뜨린 것'의 항목에 이르면 인식의 경계선을 넘어서 마치 전혀 다른 세상의 언어와 질서를 지닌 듯한 느낌이 든다. 푸코는 보르헤스의 소설이 '우리 사유의 한계'를 드러낸다고 말한다. 하지만 한계를 보여주는 수준이 아니라 기존의 사유를 무너뜨리고 전혀 다른 질서의 세계를 창조하는 것에 가깝다.

이를 보다 구체적으로 설명하기 위해 푸코는 하나의 개념을 제안한다. 서구적 상상력을 자극해왔던 그 유명한 장소인 '유토피아'와 비교해 고안한 새로운 용어인 '헤테로토피아'다. 유토피아는 위안을 주는 공간이다. 유토피아는 실재하지 않지만 '고르고 경이로운 공간'에 펼쳐져 있고, 상상 속에서나마 넓은 도로가 있는 도시, 잘 가꾸어진 정원, 살기 좋은 나라 등을 보여주기 때문이다. 유토피아Utopia는 그리스어의 ou(없다)와 topos(장소)를 합성한 말로 '없는 장소'라는 뜻이다. 현실에는 없는 장소이기 때문에 사람들이 꿈꾸는 장소, 완벽한 세계 등의 의미로 풀이되며, 한국어로는 '이상향'이라고도 번역되었다. 토머스 모어의 소설에 등장하는 유토피아는 공상 속에 존재할 따름이지만 '살기 좋은 나라'이자 질서와 구획이 잘 갖춰진 곳이다. 그에 반해 헤테로토피아는 불안을 야기하는 공간이다. 헤테로토피아는 '언어를 은밀히 전복하고, 이름 붙이기를 방해하고, 보통명사들을 무효화하거나 뒤얽어'놓는다. 또한 '문장을 구성하는 통사법뿐 아니라, 말과 사물이 서로 마주보며 "함께 붙어 있게" 하는 덜 명백한 통사법까지' 사전에 무너뜨린다고 설명한다.

『말과 사물』이라는 제목에서 생각할 수 있듯이 언어와 사물의 관계에 초점을 두고 전개하다보니 헤테로토피아를 설명하는 방식에서 '통사법'이 등장한다. 헤테로토피아는 보르헤스에게서 자주 발견할 수 있듯이 '이야기의 주제를 메마르게 하며, 말문을 막고, 문법의 가능성을 근본부터 와해하고, 신화를 해체하고, 문장에서 서정성을 제거'한다. 하지만 중요한 점은 언어의 문제이든, 앞으로 전개될 공간의 문제이든 헤테로토피아는 기존의 질서를 해체하고 와해시킨다는 것이다. 만일 현재 사용하는 국어사전을 보르헤스의 소설처럼 분류한다면, 과연 원활하게 언어를 사용할 수 있을까? 어쩌면 오늘날 세대마다 문화마다 다르게 통용되는 언어가 늘어나듯이 현실세계는 이미 헤테로토피아에 돌입했지만 이를 의식하지 못하고 대화를 시도하는 것은 아닐까? 나아가 헤테로토피아는 오히려 통용되지 않는 것들을 통용케 하는 20세기 철학의 발명품 중 하나가 아닐까?

푸코의 헤테로토피아에 대한 관심은 언어적 차원에만 머물지 않는다. '토피아topia'라는 말에 들어 있는 의미처럼 현실의 장소까지 뻗어간다. 푸코는 『말과 사물』을 출간한 해 12월 7일 한 라디오 채널이 마련한 '유토피아와 문학'이라는 특강 시리즈에 출연하여 헤테로토피아 개념을 다시 다룬다. 이어서 1967년 3월 14일에 파리 건축가들의 연구모임에 초대를 받은 푸코는 라디오 방송 강연 원고를 수정하여 「다른 공간들」이라는 제목으로 선보인다. 『말과 사물』에 등장할 당시만 해도 헤테로토피아는 언어와 통사법과 관련을 맺는 아이디어였지만 이 논문을 통해 공간에 대한 개념으로 확장된다.

푸코가 말하는 헤테로토피아는 단순히 낯설거나 이상적인 장소가 아니다. 그것은 현대사회에 놓여 있으며, 이질적이고 중첩된 장소다. 〈괴물〉에 등장하는 '한강공원'처럼 한가롭게 산책을 하거나 음악을 들으며 맥주를 마시는 휴식의 공간이지만 한 마리의 괴물로 인해 도륙의 장소로 전환되는 곳을 가리킨다. 헤테로토피아는 시간마저 희미해져

〈기생충〉의 지하에 숨은 기택의 말처럼 "어제와 오늘"이 구별되지 않는 곳이기도 하다. 슈퍼 돼지 옥자가 뛰어다니는 강남 지하철역이기도 하고, 하수구 수로로 시체가 보이는 논가이기도 하다. 헤테로토피아는 자연스럽게 영화적인 상상의 공간으로 떠오른다. 현실에 존재하지만, 기존의 통사법이나 규칙을 벗어나 있고, 스크린 위에서 현실과 환상이 교차하는 장소로 등장하여 관객의 눈을 사로잡는다.

폴 래비나우와의 인터뷰에서 푸코는 "사회 공간에서 발견되지만 다른 공간들과는 그 기능이 상이하거나 심지어 정반대인 독특한 공간들"을 헤테로토피아라 부른다. 봉준호 감독의 영화가 펼치는 현실과 환상, 아브젝시옹이 펼쳐진 장소들 그리고 현실에서 일어나는 균열을 보여주는 괴물의 아가리와 시체가 썩는 하수구는 헤테로토피아의 개념으로 다시금 살펴봐야 하는 봉준호의 공간이다. 이러한 장소를 집중적으로 탐구하는 영화가 〈기생충〉이다. 남궁현자가 만들었다는 박사장의 집은 화려함으로 눈길을 끌지만 정작 중요한 공간은 그 아래에 놓인 지하세계이다. 이곳은 푸코의 설명처럼 기존의 "사회 공간에서 발견되지만 다른 공간들과는 그 기능이 상이하거나 심지어 정반대인 독특한 공간"이다.

기우가 사는 반지하 집 역시 여름이 되면 곱등이 같은

벌레들이 나오고, 낮은 수압으로 화장실이 방바닥보다 훨씬 높은 곳에 위치해 있다. 그래야 변기 물이 원활하게 내려간다. 심지어 기우의 가족이 내다볼 수 있는 바깥의 풍경은 일반적인 집의 시점과는 다르다. 기우의 가족은 지나가는 사람들의 다리와 창문 앞에서 노상 방뇨를 하는 주민을 볼 수밖에 없다. 반지하 주택은 기우의 경제적 위치를 보여주는 공간이며 화장실의 위치와 창문으로 보이는 풍경은 지상에서는 발견할 수 없는 이질적인 요소들이다. 이러한 지하의 이질성이 더 깊어지는 것은 근세가 머무는 지하실이 등장하면서부터다. 이곳은 온갖 잡동사니로 들어차 있고, 소리로만 바깥 상황을 짐작할 수가 있다. 시각적으로 완전히 외부와 차단된 이곳에서는 놀랍게도 집안의 등을 조정할 수 있다. 근세는 자신의 책임을 다하듯이 계단에서 들리는 발걸음에 맞춰 기꺼이 등의 불을 조정한다. 〈기생충〉은 단순히 계급적 한계와 갈등을 보여주는 작품이 아니라 사회 공간 속에 있지만 기능이 전혀 다른 헤테로토피아에 거주하는 사람들, 그들이 벌이는 기이한 행태가 보여주는 반유토피아적인 상황들의 우스꽝스러움으로 안내한다. 그러나 이 공간은 결코 낯선 장소가 아니다.

『헤테로토피아』에 수록된 첫번째 글 「헤테로토피아」에서 언급하는 일상의 공간들은 비중립적이고 다양한 이질성으로 뒤엉켜 있다. "나는 이런 말을 하고 싶다. 우리는 순백의 중립적인 공간 안에서 살지 않는다. 우리는, 백지장의 사각형 속에서 살고 죽고 사랑하지 않는다. 우리는, 어둡고 밝은 면이 있고 제각기 높이가 다르며 계단처럼 올라가거나 내려오고 움푹 패고 불룩 튀어나온 구역과, 단단하거나 또는 무르고 스며들기 쉬우며 구멍이 숭숭 난 지대가 있는, 사각으로 경계가 지어지고 이리저리 잘렸으며 얼룩덜룩한 공간 안에서 살고, 죽고, 사랑한다. 스쳐지나가는 통로가 있고, 거리가 있고, 기차가 있고, 지하철이 있다. 카페, 영화관, 해변, 호텔과 같이 잠시 멈춰 쉬는 열린 구역이 있고, 휴식을 위한 닫힌 구역, 자기 집이라는 닫힌 구역도 있다."

그 가운데 발견되는 헤테로토피아에는 특별한 역할이 있다. "그런데 서로 구별되는 이 온갖 장소들 가운데 절대적으로 다른 것이 있다. 자기 이외의 모든 장소들에 맞서서, 어떤 의미로는 그것들을 지우고 중화시키고 혹은 정화시키기 위해 마련된 장소들, 그것은 일종의 반공간이다."

〈기생충〉에 등장하는 두 개의 지하는 분명 "순백의 중립적인 공간"이 아니다. 이곳은 "얼룩덜룩한 공간"이고, "무르고 스며들기 쉬우며 구멍이 숭숭 난 지대"이기도 하다. 폭우로 기택의 집이 침수되는 장면은 지상층과는 확연하게 구별되는 헤테로토피아의 특징적인 모습을 보여준다. 기택의 집은 빗물과 함께 모든 것이 말소되는 공간으로 변모하며, 삶이라는 터전을 손쉽게 무력화하는 장소로 변화한다. 그 무력함은 기우의 욕망을 자극하여 지하로부터 나와 지상의 세계인 박사장의 집을 점거하겠다는 야심을 작동시킨다. 쉽게 말소될 수밖에 없는 반지하에서의 거주가 기우의 욕망을 박사장의 집으로 향하게 한다. 그리하여 기우는 침수된 반지하에서 둥둥 떠오르는, 친구가 선물로 준 산수경석을 들고 나와 이 돌로 근세 부부를 죽이고자 한다. 그런데 이러한 지하세계가 "자기 이외의 모든 장소들"을 지우고 "중화시키고 혹은 정화시키"고 있는가는 조금 더 깊게 생각해볼 필요가 있다. 푸코가 사용하는 '중화' 혹은 '정화'라는 말은 마치 종교적인 것처럼 느껴지기도 하는데, 기우의 반지하 집이 일으키는 정화 작용은 자신을 포함한 가족이 안전하게 박사장의 집에(지상층에) 거주하기 위한 수준이라면, 지하실에 사는 근세가 박사장의 사진을 보며 '리스펙트'를 외치는 모습은 형태가 완전하게 다른, 종교적 열정을 담은 정화 작용에 가깝다.

빗쟁이들에게 시달려 지하로 숨어든 근세는 기택에게 밧줄로 묶이기 전 〈월남에서 돌아온 김상사〉를 박사장 버전으로 개사하여 부르고, "박사장님, 항상 절 먹여주시고, 재워주시고, 리스펙!"이라고 외친다. 그러고는 박사장이 계단을 오르는 발걸음 소리에 맞춰 계단 위에 달린 전등 스위치를 켠다. 그는 이 집안에서 먹여주고 재워주는 것의 대가로 센서 등의 일을 자임한다. 헤테로토피아는 숨겨진 공간이 아니며(박사장은 다만 눈치를 채지 못하고 있을 뿐이다. 막내 다송은 이 현상을 잘 알고 있다), 근세는 존경심을 갖고 이 세계의 질서를 유지하는 일을 자임한다. 그것은 계단을 따라 오르는 발걸음에 맞춰 전등을 켜는 것이다. 빛을 밝히는 행위는 어두운 지하세계에서 벌이는 정화이며(독자들이 상징적인 차원으로만 접근하지는 않기를 바란다), 지하세계와 박사장의 지상 가옥을 연결시킨다. 지하실의 의미가 가장 절묘하게 드러나는 순간은 캠핑을 포기하고 들이닥친 박사장 가족을 피해 기택과 두 아이가 거실의 테이블 아래에 숨는 장면이다. 박사장과 아내가 거실 소파에 앉을 때 카메라는 테이블 아래 숨어 있는 기택과 가족들을 보여준다. 그것은 이 영화에서 반복되는 지하세계를 보여주는 카메라의 움직임과 일치한다. 하강하는 카메라의 운동은 헤테로토피아로 내려가는 운동이며, 테이블 아래의 지하세계는 1층 거실에 놓여 있는 지극히 일상적이면서도 이질적인 장소이다. 그곳에서 기택은 박사장이 생각하는 바를 엿듣게 된다.

그런데 지하실이라는 장소가 봉준호 감독의 중요한 헤테로토피아라는 것은 〈기생충〉에만 국한되지 않는다. 장편 데뷔작 〈플란다스의 개〉에서 아파트 지하인 '보일러실'은 기묘한 이야기와 개를 숨긴 곳이고, 경비원이 몰래 보신탕을 끓이는 장소다. 주인공 윤주는 지하실의 버려진 옷장에 숨겨두었던 개를 찾아 내려갔다가 경비원이 오는 소리를 듣고 옷장에 황급히 숨어 버린다. 옷장이라는 장소가 이야기 속에서 종종 특별한 위치를 갖는다는 것은 널리 알려져 있다. C. S. 루이스의 『나니아 연대기: 사자, 마녀 그리고 옷장』에서 '옷장'은 '아슬란'이라는 주인공 사자, 나니아를 멸망으로 몰아넣는 하얀 마녀와 나란한 지위를 갖는 보통명사로 제목에 배열된다. 막내 루시가 발견한 옷장 속 통로를 통해 페벤시 집안의 아이들은 나니아의 세계로 들어간다. 이 옷장을 만든 나무는 『나니아 연대기: 마법사의 조카』에서 주인공이 아슬란에게서 받은 사과씨를 심어 키웠다. 옷장은 현실세계에 속해 있지만 동시에 나니아의 세계로부터 온 것이다. 옷장은 두 세계를 연결한다.

〈플란다스의 개〉에서 보일러실이 있는 지하와 옷장은 영화의 전개에 필수적으로 보이지는 않지만 영화 전체에서 가장 강렬한 장면으로 남아 있다. 이곳에서 듣게 되는 일화, 강아지의 죽음과 숨어 있어야 하는 상황은 일상적이면서도 일상적이지 않은 영화의 순간이다. 또다른 지하세계는 〈설국열차〉에 등장한다. 커티스가 월포드에게 설득당하려고

하는 순간 요나는 기차 밑바닥에서 부품을 대신하여 일하는 아이들을 발견한다. 그것은 은폐되어 있는 기차의 비밀이자 기차를 움직이는 진정한 헤테로토피아의 증언이다.

헤테로토피아는 현실적이고 이질적인 것이 교차하는 장소이며 그 범위는 지하실 이외에도 다양하다. 푸코는 특별한 존재를 지목한다. "아이들은 그것을 완벽하게 알고 있다. 그것은 당연히 정원의 깊숙한 곳이다. 그것은 당연히 다락방이고, 더 그럴듯하게는 다락방 한가운데 세워진 인디언 텐트이며, 아니면 — 목요일 오후 — 부모의 커다란 침대이다. 바로 이 커다란 침대에서 아이들은 대양을 발견한다. 거기서는 침대보 사이로 헤엄칠 수 있기 때문이다. 이 커다란 침대는 하늘이기도 하다. 스프링 위에서 뛰어오를 수 있기 때문이다."

아이들 혹은 다락방에 세워진 인디언 텐트에 대한 푸코의 언급은 직접적으로 〈기생충〉의 인디언 텐트를 떠올리게 한다. 폭우 때문에 수포로 돌아간 캠핑을 대신해 다송은 정원에 인디언 텐트를 친다. 이를 지켜보던 박사장은 비를 맞으면 새지 않을까 걱정하지만 아내 연교는 "미제 텐트"라며 걱정하지 말라고 말한다. 집안에 세워진 인디언 텐트는 영화의 주요한 순간과 맞물린다. 하나는 거실 테이블 아래 숨어 있던 기택의 가족이 박사장 부부가 잠든 틈을 타 빠져나오려고 할 때 텐트의 불이 켜지면서 막내 다송이 잠이 안 온다고 박사장에게 무전을 하는 순간이다(이 장면은 다송이 유일하게 모든 세계를 보는 인물임을 알려준다). 다른 하나는 지하실에 있는 근세가 아내 문광의 죽음을 알리려고 이마로 켠 계단 센서 등 불빛을 텐트 안에서 목격하는 장면이다. 다송은 근세가 보낸 신호를 모스부호로 받아 적는다. 다음 날 텐트는 다송의 생일 파티 중앙 무대에 등장한다. 텐트를 중심으로 연교의 요청대로 학익진을 그리며 손님용 테이블이 배치되고, 지하실에서 뛰쳐나온 근세가 기정(제시카 선생님)을 찌른 후 쓰러질 때 다송은 정면으로 근세를 보게 된다. 다송의 뒤에는 인디언 텐트가 쳐져 있고, 전날 밤 이곳에서 다송은 근세가 보낸 모스부호를 받아적고 있었다. 인디언 텐트는 근세의 위험 신호를 수신하는 장소이자 근세의 모습을 또렷하게 바라보는 장소가 된다. 헤테로토피아로서 인디언 텐트는 지하세계와 연결되는 고리이다.

헤테로토피아에 대한 푸코의 또다른 언급은 반공간이라 부를 수 있는 이곳이 결코 "아이들만의 발명품은 아니"라는 것이다. 오히려 "아이들은 결코 새로운 것을 만들어내지 않기 때문이다. 반대로 어른들이야말로 아이들을 만들어냈으며, 그들에게 자기들만의 굉장한 비밀을 속삭여주었다. 그러고 나서 어른들은 이 아이들이 아주 큰 소리로 자기들에게 그것에 대해 다시 말할 때 깜짝 놀란다"라고 지적한다. 이것은 정확히 봉준호의 영화적 상상력과 일치한다. 관객들은 다송이 박사장 부부에게 경계를 넘나드는 냄새의 비밀("제시카 선생님에게도 같은 냄새가 나.")을 말할 때, 다송이 그린 근세의 그림을 볼 때, 지하실이 결코 은폐되지 않았음을 안다. 〈살인의 추억〉의 어린 소녀가 형사를 그만둔 박강두에게 하수구를 보러 왔던 다른 남자를 언급할 때, 〈설국열차〉의 요나가 문을 열지 말라고 외치며 다가올 폭력과 살인을 경고할 때 아이들은 어른들이 만든 장소의 비밀을 알고 말한다. 하지만 헤테로토피아 혹은 헤테로토피아에서 온 종족들은 부지불식간에 질서 잡힌 공간으로 침입해들어와 난장판을 벌이고 사라진다. 마치 백주 대낮 한강에 나타난 괴물처럼 말이다.

푸코는 말한다. "헤테로토피아들은 다른 모든 공간에 대한 이의제기이다. 그것들은 두 가지 방식으로 이의제기를 수행할 수 있다. 아라공이 말했던 매음굴처럼 나머지 현실이 환상이라고 고발하는 환상을 만들어냄으로써, 아니면 그 반대로 우리 사회가 무질서하고 정리되어 있지 않고 뒤죽박죽이라고 보일 만큼 완벽하고 주도면밀하고 정돈된 또다른 현실 공간을 실제로 만들어냄으로써" 이의를 제기한다. 푸코는 질서 잡힌 공간을 창조해 이전 공간에 이의제기를 하는 예로 파라과이에 정착한 예수회 수도사들의 식민지를 들고 있다. 식민지는 아침부터 밤까지 완벽하게 균형 잡히고 규칙으로 엄격하게 채워짐으로써 이전의 서구사회나 다른 사회에 문제를 제기한다. 이러한 경우는 미국의 팀 버튼이나 알렉산더 페인의 영화에서 종종 발견되는데, 봉준호의 영화는 식민지의 질서 잡힌 풍경보다는 푸코가 전자의 예로 든 헤테로토피아에 가깝다. "반면 매음굴은 환상의 힘만으로 현실을 흩뜨리려고 들 만큼 충분히 미묘한 혹은 교활한 헤테로토피아이다." 매음굴이 발휘하는 환상은 매음굴 바깥의 현실을 공격하고 무너뜨리는 위기를 가져오는 것이다. 〈기생충〉에서 근세가 살던 지하실의 문이 열리는 순간은 우아하게 현악기를 연주하며 브런치를 즐기는 부르주아의 현실을 손쉽게 무너트린다. 그것은 이 장소가 다른 모든 공간에 대해 이의제기를 충분히 하고 있기 때문이다.

공간에 대한 이의제기가 가장 명확하게 펼쳐지는 작품은 〈설국열차〉이다. 꼬리 칸에서 출발한 커티스는 각 칸을 통과하는 동안, 초반에는 진압군에게 공격을 받고 심지어 중간 위치에 해당하는 교실 칸에서도 임신한 여교사가 총을 난사하는 위기를 경험하는 데 반해 정작 앞쪽 가까이 도달했을 때에는 꼬리 칸 사람들을 그다지 신경쓰지 않는 모습을 목격한다. 수영장, 게임장, 마약 파티장 등을 거치면서 반복적으로 보게 되는 것은 저마다 크로놀에 취해 있는 향락의 풍경이다. 기차가 하나의 세계라고 말하기에는 너무나도 이질적인 장소들이 칸마다 놓여 있고, 커티스는 다양한 모습으로 채워진 열차를 통과하며 혼돈에 빠진다. 이러한 혼돈을 가중시키는 인물이 열차를 설계한 남궁민수다. 엔진실 앞까지 이른 커티스는 남궁민수에게 비참한 삶을 살게 만들어놓은 윌포드를 증오한다며 엔진실을 열어줄 것을 청한다. 그러나 남궁민수는 이딴 문을 여는 것이 아니라, 바깥 세상으로 나가는 문을 열어 열차를 탈출하고 싶다고 밝힌다. 사람들은 17년간 닫혀 있는 문을 마치 벽처럼 생각하지만 남궁민수는 이것이 '문짝'에 불과할 뿐이라고 말한다.

〈설국열차〉는 기차야말로 유일하게 생존할 수 있는 유토피아라고 믿는 사람들의 이야기다. 커티스는 이러한 유토피아의 신념에 따라 꼬리 칸에서 엔진실로 진출하면 모든 것이 달라질 수 있다고 믿는 환상을 지녔다. 그는 향락에 취한 앞칸의 이질적인 장소들을 보았으면서도 그 의미를 제대로 파악하지 못한다. 하지만 남궁민수는 이 세계의 가장 이질적인 장소인 열차 바깥이야말로 진정한 문 너머의 세계이며, 자신이 크로놀을 모은 것은 엔진실을 날려버릴 폭탄의 원료로 쓰기 위함이었음을 토로한다. 남궁민수는 질서 잡혀 있는 것처럼 보이는 이 기관차에 이의를 제기하면서(그것은 커티스가 열차를 통과하며 본 것들이기도 하다) 새로운 장소로 나아가야 함을 역설한다. 흔들리는 커티스가 끝내 각성하는 것은 요나와 함께 엔진실의 밑바닥을 들어올렸을 때다. 그 장소에는 티미와 앤디가 있었다. 윌포드는 그것을 두고 너무나도 태연하게 열차의 부품 중 하나가 수명이 다됐고, 그 대체품이 필요했으며, 그 대체품으로 안에 들어갈 수 있는 것은 다섯 살 이하의 작은 아이들뿐이었다고 말한다. 커티스는 아이들이 살아 있는 부품으로 전락한 광경을 보고 경악한다. 기관차의 영원성과 질서는 결국 헤테로토피아에서 부품으로 살아가는 아이들을 통해 구현된 환상에 불과했다. 완전한 유토피아로 보이는 기차는 끝내 또다른 장소인 헤테로토피아를 품고 있으며, 그것을 노출시키거나(부르주아의 열차 칸처럼), 은폐한 채(아이들이 일하는 엔진실 아래처럼) 유지되는 환상이었다.

봉준호의 관객들은 잘 알고 있다. 서울의 한강과 한강의 매점, 〈옥자〉의 지하철 통로, 화성의 시체가 놓인 논두렁 등 영화 속의 주무대인 장소들은 기존의 공간에 대한, 기존의 현실에 대한 문제 제기라는 사실을 말이다. 그것은 봉준호의 영화를 보는 재미이기도 하다. 〈플란다스의 개〉는 평온한 아파트 실내 공간보다 아파트의 지하실과 옥상 그리고 긴 복도와 작은 산책로를 더 많이 보여준다. 아파트 공간에 대한 이의제기가 곳곳에서 펼치는 이 작품에서, 친숙한 것을 낯설게 보여주는 흥미로운 순간은 아내와 윤주가 내기를 벌이는 장면이다. 슈퍼에서 물건을 사고 집으로 가던 길에 아내는 강아지를 위해 딸기우유를 사야 한다며 윤주에게 다시 가서 사오라고 천 원을 내민다. 윤주가 따진다. "니 멍멍이를 위해서 저길 다시 갔다 와라? 저 백 미터도 넘는데?" 아내는 잘해야 오십 미터 정도라며 빨리 갔다 오라고 채근한다. 두 사람 사이에 실랑이가 오가고 백 미터가 되는지 안 되는지를 두고 내기가 벌어진다. 처음에 자신의 보폭을 기준으로 측정을 시도하던 윤주는 아내의 핀잔을 듣는다. "야! 그렇게 다리를 직접 재면서 갈 거면 어차피 가게 앞까지 다 가겠네." '바보'라는 말까지 듣게 된 윤주가 아이디어를 떠올린다. 그는 비닐봉투에서 방금 사온 백 미터짜리 두루마리 휴지를 꺼낸다. 윤주는 휴지의 매듭을 풀어 도로에 굴린다. 봉준호 감독이 즐겨 표현하는 섬뜩한 장면들과 달리 이 밤 장면은 그 자체로 아름답다. 부부의 실랑이도 정감이 넘치지만 슈퍼에서 아파트로 이어지는 단지의 길과 가로수들, 무엇보다 휴지가 하염없이 굴러가는 도로의 모습은 기존 공간을 충분히 낯설게 하기 때문이다. 공간에 대한 새로운 정서를 환기한다는 점에서, 이 장면은 도시 안에 펼쳐지는 흥미로운 이의제기다. 〈마더〉에서 보여지는 것은 마을의 중심이 아니라 골목길과 불타는 고물상, 그리고 법적으로는 허용될 수 없는 춤추는 관광버스다. 이 관광버스는 교통수단이라는 사실을 넘어서서 엄마의 욕망과 범죄, 다른 공간들에 대한 문제제기를 한다. 안전 문제로 관광버스에서 춤추는 것을 금하고 있지만 한국 사회는 관행적으로 여전히 버스에서 술을 마시고 춤을 춘다. 또한 한강 매점에서는 오징어와 쥐포를 굽는다. 봉준호의 영화는 이러한 장소를 탐색하는 데서부터 출발한다. 그것은 우리가 거주하는 현실에 질문을 던지며 법 너머의 현실을, 질서 속에 있는 이질적인 공간들을, 평온한 대낮에 놓인 살인 현장을 그려내면서 우리를 친숙하고 익숙한 곳에 깃든 낯선 세계로 안내한다. 그곳은 지하실, 하수구, 옷장, 논두렁, 터널, 기차와 같이 어디에나 놓여 있는 헤테로토피아다. 이곳에서 봉준호의 영화가 시작되고, 다시 헤테로토피아를 응시하거나 그곳으로 돌아가는 주인공들을 보며 관객들은 스크린을 빠져나온다. 푸코가 언급했듯이 극장 또한 이질적인 것을 일상적으로 경험하는 거대한 헤테로토피아 중 하나이기 때문이다.

장례식
혹은 난장판

봉준호의 영화에서 빠지지 않고 등장하는 장면 중의 하나는 장례식이다. 〈기생충〉에서 근세의 돌을 맞고 쓰러졌다 깨어난 기우는 엄마와 함께 기정의 장례식장을 찾는다. 그런데 기우는 나오는 웃음을 참을 수가 없다. 봉준호 감독은 짐짓 머리에 가해진 충격 탓에 일어난 현상처럼 표현하지만 다른 작품들에서도 고인에게 진중한 애도를 보내는 장례식 풍경은 등장하지 않는다. 봉준호의 장례식은 무언가 어색하고 어수선한 난장판이다.

〈마더〉에서 엄마가 여고생 아정의 장례식장을 찾아가는 장면은 인상적이다. 아정을 돌볼 사람들이 없었던 것 같은데 꽤 많은 일가친척이 모여 있다. 아정을 방치했던 그들은 도준의 엄마를 향해 비난의 화살을 멈추지 않는다. 이들이 그런 말을 할 자격이 있는 사람들이었던가. 엄마도 지지 않는다. 장례식장에 있는 사람들에게 도준이 한 짓이 아니라면서 항변한다. 살인범의 엄마가 장례식장을 찾는 이 난장판은 코미디 영화의 절정이라 할 수 있겠지만 인간 군상의 풍자화라고도 할 수 있을 것이다.

〈괴물〉에서는 임시로 마련된 장례식장에 현서의 영정 사진을 두고 가족들이 모인다. 저마다 현서의 죽음 앞에서 당혹해하는데, 아빠 강두는 도중에 잠을 청한다. 삼촌이 그 모습을 보고 비난을 해댄다. 이 코믹한 장면은 소독을 하며 들어오는 관계자들로 난장판이 된다. 가족들이 모여 있고 저마다의 생각을 늘어놓지만 결코 통합되는 법이 없다. 여기에 엉뚱한 상황들이 더해지면서 '개판 5분 전'의 상황이 펼쳐진다. 〈살인의 추억〉에는 장례식이 없지만 살인 현장이 있다. 시골 경찰들은 이곳저곳을 후비고 다니며 난리법석을 피우고, 심지어 비탈에 미끄러져 굴러떨어지기까지 한다. 이어서 등장하는 반장까지도 미끄러진다.

난장판은 도심 한복판으로 확대된다. 옥자와 함께 탈출한 미자는 지하도에 위치한 지하상가를 옥자와 함께 질주한다. 거대한 돼지가 도망치고 그 뒤를 쫓는 사람들의 모습은 너무나 비현실적인데도 진짜 같은 느낌을 준다. 옥자를 제외하고는 모든 것이 너무나도 친숙한 서울 지하도의 풍경이기 때문이다.

봉준호의 난장판은 그래서 리얼리즘의 정교한 그림이 된

다. 혼돈이 가중될수록 진짜 같은 느낌이 더해지며 그것이 언제 어디선가 일어날 법하다는 착각이 든다. 〈기생충〉의 난장판인 정원 파티 장면도 마찬가지다. 기택의 눈앞에 펼쳐지는 거대한 혼돈은 저마다 비명이며 소리를 지르는 끔찍한 상황이지만, 어디선가 본 것 같은 기시감이 든다. 한국의 시끌벅적한 장례식장, 사람들이 모여 있는 장소면 쉽게 펼쳐지는 광장의 어수선한 혼란이 봉준호의 영화에서는 매번 반복된다. 그것은 한국 사회를 옮겨오는 단순하면서도 가장 확실한 방법이다. 〈괴물〉의 한강공원은 한 마리의 괴물로 아수라장이 된다. 조용히 음악을 듣던 오후의 여유로움이 삽시간에 비명이 난무하는 살육 현장으로 변하고, 이 난장판 속에서 강두는 자신의 딸이 괴물에게 납치당하는 것을 직접 목격한다. 혼란은 감추어져 있지 않다. 헤테로토피아는 우리가 의식하지 못하는 사이에 기존 공간을 점유하고 저항하면서 새로운 문제제기를 한다.

공간적 대비를 통한 문제제기의 방식도 눈에 띈다. 난장판인 광장과 조용하고 은밀한 밀실의 대비 또한 하나의 장소에서 자주 발견되는데, 〈기생충〉의 저택은 지상과 지하로 나뉘어 있으며, 그 구분은 때가 되면 질서가 바뀔 수 있음을 보여준다. 한낮의 정원 파티에서 일어난 살인처럼 지하의 거주자는 칼을 들고 지상으로 올라온다. 〈플란다스의 개〉에서도 아파트는 구획되어 있다. 경비원이 개를 끓여 먹는 아파트 지하실, 윤주가 개를 던지는 아파트 옥상(이곳에서 부랑자는 개를 끓이려고도 한다)의 살해 현장과 인물들이 강아지와 함께 산책로를 걷는 장면은 확연한 대비를 이룬다. 아이러니도 있다. 개를 던진 범인을 쫓던 현남이 복도식 아파트의 문이 열리는 바람에 충돌하면서 범인을 놓치고 쓰러지는 장면은, 단순한 코미디를 넘어서 친숙한 곳에 존재하는 위험들을 보여주고 있다. 아파트는 평화로운 거주지가 아니라 층간 소음, 개 짖는 소리, 개들의 살해, 추적과 충돌이 일어나는 온갖 소음의 장소이자 헤테로토피아다(그것은 지금도 마찬가지다. 소음의 수준을 벗어나 한국의 아파트는 정치적 논리의 장소이자 그 자체로 국가를 이루는 아파트 공화국이다).

이러한 효과는 자주 제시된다. 〈기생충〉에서 폭우로 인해 돌아온 박사장 가족 때문에 기택의 가족들이 집 곳곳에 숨는 장면은 코미디 장르의 혼돈을 그려내면서도 저택의 다른 공간으로 관객을 안내한다. 예를 들어 기우가 숨은 다혜의 침대 밑은 코미디 장르와 현실의 긴장감이 결합된 헤테로토피아다. 특히 낑낑거리며 침대 아래로 들어오려고 하는 강아지의 모습을 통해 공간의 이질감은 극대화된다.

봉준호 감독은 하나의 장소에서 벌어지는 다채로운 모습을, 그 속에서 벌어지는 인간 군상의 해프닝을, 혼돈을 가

중시키는 말들의 향연을 화면에 가득 메운다. 그것은 코미디의 효과와 함께 동상이몽과도 같은, 서로 다른 생각과 말들의 부딪힘을 표현한다.

　박사장의 가족이 돌아오는 바람에 거실에 숨어 있어야 했던 기우에게 다혜의 메시지가 온다. 현재 사진 하나만 보내달라는 요청에 기우는 안 된다고 말한다. 이유를 물어보자 "우리지금함께있음"이라고 보낸다. 다혜는 "마음만같이 있음머해"라고 답을 보내고, 이에 기우는 "몸도함께있음"이라고 사실을 이야기한다. 하지만 기우의 메시지는 다혜에게 현실적으로 전달되지 않는다. 그들은 같은 공간에 있다는 사실을 소통하지 못한 채 겉도는 연인들의 기표만 주고받았을 뿐이다. 엇나가는 말과 풍경. 그것은 난장판을 이루는 코미디의 공간이자 기존의 공간에 이의를 제기하고 현실을 공격하는 헤테로토피아의 창조다. 푸코는 이 장소를 거울 효과에 비유하기도 하였다. "거울이 실제로 존재하는 한, 그리고 내가 차지하는 자리에 대해 그것이 일종의 재귀효과를 지니는 한 그것은 헤테로토피아다. 바로 거울에서부터 나는 내가 있는 자리에 없는 나 자신을 발견한다. 내가 나를 거기서 보기 때문이다. 말하자면 내게로 드리워진 이 시선에서부터, 거울의 반대편에 속하는 이 가상공간의 안쪽에서부터 나는 나에게로 돌아오고, 눈을 나 자신에 다시 옮기기 시작하며, 내가 있는 곳에서 자신을 다시 구성하기 시작한다. 거울은 헤테로토피아처럼 작동한다."

봉준호 영화에 등장하는 장례식장과 곳곳에서 벌어지는 난장판이 한국 사회를 비춰주는 거울이라는 것에는 의심의 여지가 없다. 그것은 우리의 현실을 지독하게 뒤흔들고, 그 안에 있는 나를 비춰보게 만든다. 최소한 헤테로토피아의 영화적 효과는 우리의 현실을 비춰주고 성찰하는 거울로서 스크린을 통해 반사된다. 나아가 장례식장의 헤테로토피아는 엄숙하고 차분한 상황이 단 한 명의 등장으로, 단 하나의 균열로 언제든지 분노와 성토의 장소가 될 수 있음을 보여주고 있다. 이것은 영화 안에만 존재하는 것이 아니라 종종 현실의 장례식장에서 마주하게 되는 실재의 거울이다. 봉준호의 영화는 헤테로토피아의 구성을 통한 거울의 리얼리즘, 일종의 풍자적 코미디를 창조하는 셈이다.

chapter 7

세계의 끝과
하드보일드 원더랜드

이상한 나라의
이야기꾼

　　　　　　　봉준호의 장편 데뷔작 〈플란다스의 개〉에는 아파트 경비원 변씨(변희봉)가 관리 주임에게 들려주는 '보일러 김씨'의 일화가 등장한다. 그를 둘러싼 이야기는 5분 정도에 달하는 롱테이크 화면으로 펼쳐진다. "지하실 전체가 '이잉' 하는 소리 안 들리오?"라고 서두를 뗀 변씨는 10년 전의 이야기라며 말을 이어간다. 1988년에 아파트 건축 붐과 함께 날림 공사가 유행했다. 이 아파트도 그때 지어진 것인데, 중앙 보일러가 고장나는 바람에 광주에서 30년간 보일러 수리를 해온 전설의 김씨를 불러오게 되었다. 그는 아파트의 보일러를 보고는 피식피식 웃어댔다. 이리저리 둘러보던 김씨는 10분 만에 보일러를 고치고 사람들에게 "보일러 돈다잉~" 하고 말을 한다. 그것은 오리지널 전라도 사투리를 쓰는 김씨가 보일러가 잘 작동할 때 만족감을 드러내는 언어 습관이었다. 그런데 수리를 마친 김씨는 술자리를 청하는 현장 소장의 손을 뿌리치며 "느그들 얼매씩이나 해처먹어부렀냐"며 공격을 퍼붓기 시작했다. 올림픽을 기회로 서울 도처에 아파트가 지어지면서 날림 공사가 범람하던 시절이었다. 현장 소장과 시공 관계자들이 김씨와 몸싸움을 벌이며 밀치는 과정에서 김씨가 돌출된 못에 찍혀 즉사하는 사고가 일어난다. 그들은 지하실 한쪽 벽에 김씨의 시신을 넣고 시멘트를 발라버린다. 그때부터 낮에는 '웅웅'대며 돌던 보일러가 밤만 되면 '잉잉' 하는 소리를 낸다고 덧붙인다. 왜 그러한 소리가 나는지 알아듣지 못하는 관리 주임에게 경비원은 "돈다잉~ 잉" 하는 김씨의 소리라고 설명한다. 과잉이라고밖에 할 수 없는 보일러 김씨 일화는 무엇에 필요한 이야기였을까.

경비원 변씨는 아파트 관리 주임에게 이야기를 들려주기 전 버려진 옷장에서 난 소리를 의식하고 있었다. 변씨는 옷장을 확인하려다가 황급히 들어온 관리 주임과 마주하고, 근무시간에 보신탕을 끓여먹는 현장을 들킨다. 변씨는 이 모든 것을 '보일러 김씨'의 이야기로 돌려버린다. 보일러 김씨의 이야기는 수상한 소리가 난 옷장을 의식한 말이기도 하고, 아파트 주민의 항의를 받고 모처럼 점검을 나온 관리 주임으로부터 경비원이 제대로 일을 하고 있지 않다는 핀잔을 모면하려는 엉뚱한 말이기도 하다.

그것은 이야기의 놀라운 역할 중 하나다. 오늘날 이란에 해당하는 페르시아 지역에 전해오는 이야기를 정리하여 펴낸『천일야화』는 신드바드, 알리바바와 같은 다양한 캐릭터들의 삶과 죽음을 넘나드는 모험담을 보여주고 있다. 그들은 무수한 괴물과 도적을 만나고 대결을 펼친다. 그런데『천일야화』는 대신의 딸 셰에라자드가 이야기를 들려주는 형식이다. '액자' 형식을 취하고 있는『천일야화』의 테두리는 끔찍한 현실이다.

아내가 궁정의 노예와 정사를 나누는 장면을 본 왕은 두 사람을 처단해버린다. 왕은 새로운 신부를 맞이할 것을 지시하지만 초야를 치른 다음날 어김없이 신부를 처형한다. 왕비의 부정한 행동으로 여성 혐오에 빠진 왕은 매일 결혼식을 치르고 신부를 죽여버린다. 왕국은 공포에 사로잡히고, 아무도 왕비가 되겠다고 나서지 않는다. 결혼식을 관장하는 대신은 고민에 빠진다. 그러던 중 자신의 딸인 셰에라자드가 스스로 왕의 신부가 되겠다고 나선다. 영리한 딸은 자신만의 방책이 있다고 말한다. 첫날밤을 치른 후 셰에라자드는 왕에게 재미있는 이야기를 들려주겠노라고 제안한다. 새벽 닭이 울기까지 아직 시간이 많이 남았으므로 왕은 제안을 허락한다. 그런데 닭이 울어도 이야기는 끝나지 않았고, 왕은 남은 이야기를 더 듣고 싶은 나머지 하루를 연장한다.

이렇게 시작된 셰에라자드의 이야기는 천 하루(무한대의 뜻이다)를 넘기고, 왕국에는 어느새 죽음의 공포가 사라진다. 유럽 소설의 중요한 효시 중 하나인 보카치오의 『데카메론』은 페스트가 유럽 전역에 죽음의 공포를 불러오자 별장에 모여든 선남선녀가 서로 이야기를 들려주면서 죽음의 공포를 망각한다는 내용이다. 이야기는 현실의 불안을 다른 방향으로 전환시킨다.

보일러 김씨의 일화가 갖는 역할 역시 일종의 환기 효과와 생각의 전환이다. 변씨가 확인하고자 하는 옷장 안에는 윤주가 숨어 있었다. 윤주는 자신이 납치한 개를 풀어주고자 지하실로 내려왔지만 이미 경비원에 의해 보신탕이 되어버렸음을 확인한 후 의도치 않게 옷장으로 들어간다. 그의 행동은 개를 훔쳤다는 죄의식의 결과다. 이처럼 우연히 모이게 된 세 사람은 서로를 의식하거나 의식하지 못한 채 변씨가 들려주는 보일러 김씨의 이야기를 듣는다. 이 일화가 근본적으로 해결해주는 것은 없다. 옷장 안에 있던 개는 보신탕이 되어버렸고, 관리 주임은 아무런 수상한 점을 발견하지 못하고 있으며(그는 무능한 자일 뿐이다), 오로지 경비원 변씨만이 이야기를 통해 근무시간에 다른 짓을 했던 상황을 무마했을 따름이다.

그러나 관객에게는 새로운 차원이 부각된다. 이 장소를

단지 한 마리 개가 죽은 곳이 아니라 1988년 올림픽이 열리던 한국 사회에서 일어난 난개발과 부실 공사의 현장이라는 사회적 차원으로 인식하게 되는 것이다. 또한 보일러 김씨가 광주 출신이라는 설정에도 눈길이 간다. 영화 속 이야기인 액자 형식을 통해 이야기의 차원은 보다 넓게 확장되고, 현실 속으로 스며든다.

이야기가 들려주는 효과는 〈설국열차〉의 막바지에 등장하는 커티스의 고백을 통해서도 확인된다. 그는 엔진실에 들어가기 직전 한 이야기를 들려준다. 처음 꼬리 칸에 탄 사람들은 군인들에게 모든 것을 빼앗긴 채 방치되어 있었고, 굶주린 사람들은 서로를 잡아먹기 시작했다. 어느 날, 칼을 든 남자들이 아기를 숨기려던 여자를 죽이고 아기를 잡아먹으려고 했지만, 한 노인이 나타나 칼을 빼앗았다. 노인은 자신의 한쪽 팔을 잘라 내어주는 것으로 아기를 구했다. 커티스가 탄식하듯 들려준 이 이야기의 노인은 길리엄이고, 아기는 에드거였다. 그리고 칼을 든 남자가 바로 커티스였다. 커티스는 우화의 형식을 빌려 스스로 괴물이 되는 것을 저지하고 인간이 되어 혁명을 주도할 수 있었다는 사연을 들려준다. 이처럼 이야기는 마비된 이성을 흔들어 깨우고, 인간의 마음에 각성제로 작용한다. 현실의 어둠 속에 잠들지 않기 위해서 필요한 것은 크로놀과 같은 약물이 아니라 그보다 더욱 강력한 이야기라 할 수 있을 것이다.

봉준호의 영화 속에서 이야기는 현실 자체이기도 하다. 〈살인의 추억〉에는 여고생들이 화장실에서 들려오는 울음소리에 관한 이야기를 한다. 그 말을 들은 서태윤 경장은 직접 여고생 화장실을 확인하다 양호 교사와 마주치고, 그녀로부터 이야기를 듣고 언덕에 사는 한 여자를 방문하기에 이른다. 그녀는 연쇄살인범으로부터 구사일생으로 탈출한 인물이었다. 여고생들의 화장실 이야기는 끔찍한 현실을 우회하는 경로로 서태윤에게 도달한다. 우리는 현실을 현실 자체로 말하기 어려운 순간을 자주 직면한다. 그럴 때 이야기가 창작된다. 우리는 무수한 이야기를 신화로, 우화로, 동화로 부른다. 그것은 새로운 가능성을 잠재한, 현실을 각성하는 변화의 서사다.

〈설국열차〉에서 과거의 신화가 어떻게 미래의 결과로 도출되는지를 보여주는 중요한 이야기가 있다. 커티스 일행이 아이들을 교육하는 교실 칸에 도착했을 때, 이들은 임신한 교사가 진행하는 수업에 참관한다. 그들은 윌포드에 대한 영상을 보고(이 장면은 〈설국열차〉의 역사를 알려주는 장면이다), 잠시 후 멀리 열차 밖으로 보이는 얼어붙은 7인에 대한 이야기를 듣는다. 15년 전, 일곱 명의 승객이 열차를 세우고 밖으로 나가려는 시도가 있었다. 이 사건이 '7인의 반란'이다. 일곱 명의 사람은 열차를 세우는 것엔 실패했지만 열차에서 뛰어내려 걸어가다가 얼어붙은 화석이 되었다. 기차의 설계자 남궁민수가 딸 요나에게 창밖을 보라면서 열차 밖에서 살 수 있다고 믿었던 여자에 관한 이야기를 한다.

'7인의 반란'은 빙하기가 온 후 절멸이 일어나고, 유일한 생존의 세계가 되어버린 열차 안에서 벌어진 역사적 스토리다. 이 역사의 경험은 영화를 통해 흥미롭게 작동한다. 열차의 승객들은 모두 밖에 나가면 죽는다는 말을 철석같이 믿는다. 영화 초반부에 아들 앤디를 빼앗기지 않으려던 아버지 앤드류가 저항을 하다 열차 밖으로 팔을 내놓는 형벌을 받는 장면이 등장한다. 7분 후 얼어붙은 팔을 망치로 내려치자 앤드류의 팔은 얼음조각처럼 산산이 부서져내린다. 7인의 반란은 역사의 교훈이고, 밖으로 나가서는 안 된다는 금기의 명령을 담고 있다.

그런데 이 영화의 마지막은 기차를 세우고 밖으로 나가는 것이다. 크로놀 폭탄으로 멈춰버린 기차 밖으로 남궁민수의 딸 요나와 타냐의 아들 티미가 걸어나온다. 요나와 티미가 살아남아 함께 눈길을 걸어간다. 요나와 티미의 눈에 북극곰 한 마리가 들어온다. 그것은 곧 눈 속에서도 살아갈 수 있는 기후가 형성되었다는 것을 의미한다. 15년 전 7인의 반란을 주도했던 에스키모 여자의 말이 시간이 흐른 후 실현 가능한 현실이 된 것이다. 역사적 이야기는 미래의 이야기가 되어 영화의 엔딩으로 이어진다.

7인의 반란 이야기와 요나가 살아남는 마지막 장면 안에는 또다른 스토리가 숨겨져 있다. 요나는 기차에서 태어난 열일곱 살의 소녀다. 남궁민수가 딸에게 들려주는 이야기에는 그와 에스키모 여자 사이에 난 아이가 '요나'일 수 있겠다는 가능성이 담겨 있다. 무엇보다 요나는 기차의 다음 칸을 볼 수 있는 능력을 지녔다. 남궁민수의 설명에 따르면 에스키모 여인은 눈에 대한 관심을 보이며 날씨를 알아보는 능력을 가지고 있었다. 요나는 문을 열기도 전에 기차의 다음 칸을 정확하게 예측한다. 엄마와 딸 사이에 공유되어 있는 예언적 능력은 가족사의 이야기로 영화 속 이야기를 이끌어간다.

또하나 가능한 이야기는 〈설국열차〉의 마지막 장면을 전작 〈괴물〉과 연결하여 상상해보는 것이다. 그것은 봉준호의 독자들에게 일어날 수 있는 상상의 가능성인데, 요나 역할을 맡은 고아성을 통해 두 작품을 연결해보는 것이다. 고아성은 〈괴물〉에서 강두의 딸 현서를 연기했다. 〈괴물〉의 마지막은 현서가 죽음을 맞이하고, 함께 있던 남자아이 세주가 살아남아 아버지 강두의 품에 안기는 것이다. 〈설국열차〉에서는 아이들을 품고 구해내고자 했던 아버지와 어머니가 모두 사라진다. 최후의 세계에서 살아남은 것은 두 아이뿐이다. 현서의 죽음을 보여주었던 봉준호 감독은 〈설국열차〉에서는 현서를 살려내는 이야기를 다시 씀으로써 〈괴물〉의 마지막 장면을 새롭게 작성한다. 어른과 아이의 생존이 아니라 아이들의 생존기를 통해 세상 끝의 페이지가 어떻게 쓰일 수 있을까를 상상한다. 만일 〈괴물〉이 〈설국열차〉처럼 지구의 종말을 다루고 있는 영화였다면 강두와 세주가 밥을 먹는 장면으로 끝나는 영화가 아니라 현서와 세주가 남는 이야기로 끝이 났을지도 모를 일이다. 기차 속에서 괴물 같았던 아이들(앞칸을 내다보고, 부품을 대신하는 아이들)이 한강의 괴물로부터 살아남아 인류의 마지막 순간을 목격한다면 영화 〈괴물〉은 보다 큰 묵시록으로 남게 되었을 것이다.

봉준호의 영화는 영화 속 이야기뿐만 아니라 일곱 편의 장편을 반복적으로 써내려오면서 이야기를 분리하고, 우회하고, 새롭게 쓸 수 있는 방식들을 스스로 보여준다. 그는 끔찍한 화성의 연쇄살인사건도 다루지만, 한강의 연쇄살인사건 이야기를 괴물의 우화로 들려주기도 한다. 그것은 더 많은 상상을 가능케 하면서 관객들을 깊은 심연으로 안내한다. 이야기의 본성에 따라 독자는 들려오는 이야기를 마음대로 해석하기 마련이다. 불쾌하기도, 유쾌하기도, 즐겁기도, 괴롭기도 한 이야기의 형식을 따라가면서 관객들은 다양한 생각을 취한다. 봉준호 감독 역시 이를 충분히 다루면서도, 이야기 속에 상반되거나 길을 잃게 만드는 이야기들을 삽입해놓는다. 그것은 한 편의 영화가 오로지 하나로 완성되는 이야기의 길이 아니라 수많은 길이 교차하는 장소임을 보여준다.

TV 상자

〈괴물〉의 마지막 장면은 애잔하다. 눈이 내리는 겨울 풍경을 시작으로 현서와 강두가 찍은 사진이 매점 안에 걸려 있다. 강두는 눈 내리는 한강을 한쪽 손을 턱에 괸 채 바라본다. 한강변에서 이상한 소리가 들리자 오른손을 내려 총을 향해 가만히 뻗는다. 방 안에는 딸 현서와 함께 있던, 강두가 구출해낸 세주가 잠을 자고 있다. 강두는 아이의 이불을 잘 덮어준다. 장면이 바뀌면 TV를 켜둔 채 식사를 준비하고 있는 강두의 모습이 보인다. 두 사람은 밥을 먹기 시작하고, 뉴스에서 바이러스 조사 결과에 대한 발표가 흘러나온다. 이들의 삶을 지배했던 중요한 뉴스지만 세주는 "재미없다"라면서 "딴 데 볼까"라는 강두의 말에 "끄자, 먹는 데 집중!"이라고 말한다. 리모컨을 찾던 강두는 발로 TV를 끈다.

TV는 바깥의 현실이다. 1993년에 만든 단편 〈백색인〉은 주인공 W가 아파트 단지에서 손가락을 줍는 것으로 시작한다. 손가락의 임자가 누구인지는 영화의 마지막에 뉴스를 통해 등장한다. 맥주로 저녁식사를 끝낸 W가 TV를 켜둔 채 잠들어 있다. 뉴스에서는 산업재해로 손가락을 잘린 노동자가 회사의 사장을 흉기로 찌르는 사건을 일으켰다는 내용이 나온다. 사건이 일어난 장소는 W가 사는 아파트였다.

TV 혹은 뉴스는 현실 그 자체이면서 영화 속에서 진행되지 않는 사건을 연결하고 확장한다. 봉준호의 영화에 등장하는 TV의 가장 유명한 사례는 〈살인의 추억〉일 것이다. 짜장면을 먹으며 형사와 용의자 백광호가 〈수사반장〉을 보는 장면이 등장한다. 범인을 찾는 스릴러이므로 자연스러운 설정일 수도 있지만 이 프로그램은 1971년 3월 6일부터 1984년 10월 18일까지 681회로 막을 내린 후 반년 만에 재개되어 1985년 5월 2일부터 1989년 10월 12일까지 방영된, 시대를 관통하는 장수 프로그램이었다. "죄는 미워하되 사람은 미워하지 말라"는 멘트로 유명했던 〈수사반장〉은 합리성이나 증거에 의해 범인을 찾기보다는 종종 인정에 호소하는 방식의 결론을 보여주었다. 이러한 감성은 영화에도 적용된다. 서울에서 내려온 서태윤 경장은 증거와 논리에 의해 범인을 추적해나가지만, 화성의 시골 형사 박두만은 우격다짐과 폭력으로 용의자들을 다그친다. 〈살인의 추억)은 폭력적이기는 하지만 인간미 넘치는 캐릭터인 박두만에게 더 많은 초점을 둔다. 용의자였던 박현규에게 "밥은 먹고 다니냐?"는 질문을 던진 박두만은 17년의 시간이 흐른 뒤에도 또다시 최초의 현장을 둘러보는 시대의 얼굴이자 〈수사반장〉으로 압축되는 형사의 캐릭터다.

그런데 〈살인의 추억〉의 진짜 중요한 TV 장면은 따로 있다. 〈수사반장〉이 시대성을 떠올리게 하는 부드러운 기호였다면, 삽입된 실제 뉴스는 현실 그 자체를 날카롭게 반영하는 기호다. 박두만과 함께 일하는 형사 조용구는 영화에서 가장 폭력적인 캐릭터로 등장한다. 그는 데모 시위 현장에 파견 근무를 나가 여대생을 부여잡고 폭력을 휘두른다. 그 폭력성은 백광호의 아버지가 운영하는 고깃집에서 폭발한다. 경찰서 반장으로부터 질타를 받은 조용구는 고깃집에서 홀로 술을 마시고 있다. 박두만과 서태윤은 백광호를 찾아다니며 그가 진술한 범인에 대한 목격담을 확인하려고 한다. 그때 TV에 부천경찰서 성고문 사건 관련 방송이 나온다. 이 사건은 1986년 부천경찰서 경장이던 문귀동이 조사 과정에서 스물두 살이던 대학생 권인숙을 성적으로 모욕하고 폭행한 사건이다. 방송을 보던 대학생 무리 중 한 여성이 "저 형사 새끼들 거시기를 다 잘라버려야 해!"라고 말한다. 다른 여성이 "야야! 잘라도 소용없어. 원래부터 무식한 새끼들이야!"라고 반응한다. 이를 지켜보던 조용구는 콜라병을 TV에 던지고, 이내 대학생들과 싸움을 벌인다.

영화와 영화 속 TV는 모순되는 두 개의 현실을 그려내고 있다. 화성에서는 여성을 향한 연쇄살인사건이 일어나고 형사가 이를 추적하지만, 부천에서는 경찰이 여대생을 추행하는 범죄를 저지른다. 그것은 1986년이라는 두 개의 프레임이다. 영화가 화성에 머물러 있다면, 뉴스는 이 사건을 한국사회로 확장하여 보여준다.

TV는 욕망의 판타지이기도 하다. 〈플란다스의 개〉에는 맨손으로 은행 강도를 저지한 여직원이 토크쇼에 초대되고, 그녀의 활약이 TV로 송출된다. 문방구에서 일하는 친구와 함께 라면을 먹으며 방송을 보던 현남은 동경의 눈빛으로 화면을 본다. 그녀가 강아지 유괴범을 잡고자 하는 마음이 강하게 일어나는 것도 이 순간이다. 은행 여직원은 정의를 실천하는 현남의 롤 모델이 된다. 어쩌면 현남의 소원은 정의를 실천하는 것이 아니었는지도 모른다. 한밤중에 〈TV는 사랑을 싣고〉로 짐작되는 프로그램에서 가수 유승준이 현남을 찾는다고 전화했을 때 현남은 화들짝 놀라 채비를 시작한다. 누군가의 장난전화로 밝혀지지만 현남은 TV 출연이 곧 출세하거나 영웅이 되는 일이라는 환상에 빠져 있다. TV에 나오고 싶은 평범한 인물인 현남은 끝내 아파트에서 개 도둑을 쫓는 영웅이 된다.

〈설국열차〉에는 교실 칸에 도달한 인물들이 TV를 보는 장면이 등장한다. 그것은 기차를 만든 월포드의 역사를 함축한 교육용 영상이었고, 이를 통해 관객들은 17년 전에 시작된 이야기의 전사를 이해하게 된다. 이처럼 TV는 영화 속에서 벌어지는 사건의 과거와 현재를 연결해주거나 현재와 현재를 연결해주는 매개체로 작동한다. 여기에는 중요한 아이러니가 있다. TV를 통해 사건의 사실은 연결되지만 그 자체가 '진실'은 아니라는 점이다. 사전적으로 사실은 '실제로 있었던 일'이나 '현재 있는 일'을 의미한다. 그런데 이 사실은 어떤 맥락으로 보느냐에 따라서 전혀 다르게 받아들여질 수 있다. 진실은 '거짓 없는 사실'로 정의된다. 만일 어떤 주장의 99퍼센트가 사실이라고 할지라도, 1퍼센트의 거짓이나 오류가 있다면 진실이 될 수 없다. 진실은 사실 중에 사실이 아닌 것을 가려냄으로써 알 수 있다. 그런데 항상 이 1퍼센트가 문제가 된다. 전체적으로 보자면 순도 높은 사실이지만 1퍼센트의 거짓을 통해 전혀 다른 맥락으로 활용하는 경우를 역사는 보여준다. 1936년 베를린 올림픽에서 손기정 선수가 마라톤 금메달을 땄다는 것은 사실이다. 그러나 신문 기사는 일장기를 달고 뛴 손기정 선수로 작성되었고, 일본의 금메달로 기록되었다. 진실은 다르다. 그는 조선인이었다. 하지만 이 진실은 과거 역사 속에서 위력을 발휘하지 못했다. 이처럼 진실을 말하기 어려울 때가 있다. 하나의 사실이 시대에 따라 서로 다른 진실을 구성하는 것은 사실의 내용보다는 부여된 가치의 문제이며, 정치 권력은 물론, 그 권력을 형성하는 여론이나 미디어가 이러한 가치 부여에 일조한다.

봉준호의 영화에 등장하는 TV의 세계도 이러한 간극을 오간다. 〈기생충〉의 끔찍한 살인사건 이후 뉴스는 사건을 보도한다. JTBC의 서복현, 심수미 기자를 특별 출연시킨 이 장면에서 뉴스가 전하는 '팩트'가 무엇인지를 생생하게 중계한다. 뉴스로 흘러나오는 내용들이 그 자체로 사실일 수 있겠지만, '지하세계'가 드러나지 않는 뉴스는 진실이 감춰진 팩트에 불과하다. 세상의 많은 뉴스는 팩트 체크를 할 수는 있어도 수면 아래 감춰진 진실을 보여줄 수는 없다. 그것이 뉴스라는 형식을 빌려 삽입된 이야기의 간극이다.

1994년에 영화아카데미에서 제작한 단편영화가 이를 대표적으로 보여준다. 세 가지 에피소드로 이뤄진 〈지리멸렬〉의 에필로그는 세 명의 중년 남자의 TV 토론회 장면이다. 세 중년 남자는 세상을 걱정하는 토론을 벌인다. 그런데 관객들은 이전에 펼쳐진 에피소드에서 세 남자의 위선과 비윤리적인 행동들을 보았다. TV 안과 밖은 너무나 다르다.

흥미로운 것은 이들과 추격전을 벌였던 인물들이 TV를 보면서 반응하는 장면들이다. 그들은 심드렁하거나 아예 잠을 자고 있다. 세상을 걱정하는 진중한 토론은 TV에서나 일어나는 일이고, 현실은 TV 토론자들이 저지른 추악한 행동으로 가득차 있을 따름이다.

〈괴물〉의 TV도 마찬가지다. 뉴스로 전달되는 '바이러스'는 한강을 폐쇄하는 근거가 되고, 미국이 개입하는 이유가 되었다. 하지만 끝내 바이러스는 발견되지 않는다. 에이전트 옐로우를 살포하고, 실재한다고 이야기되었던 '바이러스'는 뉴스에서만 존재했다. 〈괴물〉의 마지막 장면에서 강두는 TV를 발로 꺼버림으로써 뉴스를 차단한다. 그래야 마주앉은 아이의 말대로 밥을 먹는 데, 살아가는 데 집중할 수 있기 때문이다.

봉준호 감독이 뉴스 그 자체를 부정한다는 식으로 이해해서는 곤란하다. 봉준호 감독의 관심사는 팩트 체크를 대변하는 뉴스 아래 감춰진 진실의 세계이고, 그것은 뉴스의 카메라와 마이크가 아니라 영화의 카메라가 다다르고자 하는 세계가 된다. 한강에서 매점을 운영하는 강두는 이제 TV를 주시하는 게 아니라 또다시 출현할지 모르는 괴물을 생각하며 현실의 한강을 바라본다. 그러나 오늘날의 세계는 다양한 미디어 창에 모든 현실이 담겨 있는 것처럼 착각을 일으킨다. 이 간극이 TV와 영화 속 현실을 대비시키는 봉준호 영화의 언어 전략이다. 세계의 진실은 TV 속이 아니라 영화의 현실인 하드보일드 원더랜드에서 일어난다. 끔찍하지만 모험과 활극이 있고, 허황되지만 진실을 담고 있는 영화적 현실이 카메라를 통해 비춰지는 진실의 세계다.

세계의 끝에서

스릴러, 호러, SF, 코미디 혹은 블랙코미디 등 봉준호는 여러 가지 장르를 아우르지만 영화의 마지막에 도달하는 지점은 누가 뭐래도 멜로드라마다. 그것도 남녀가 커플이 될지 말지를 결정하는 로맨스 장르가 아니라 멜로드라마의 기본이자 세상 이야기의 마침표가 되는 '가족 멜로드라마'다.

〈기생충〉의 마지막은 아버지와 아들이 서로에게 보내는 근황과 소망의 편지다. 끔찍한 사건이 일어났고, 심지어 가족 중 한 명인 막내 기정의 죽음이 있었지만(아버지는 종종 기정이 생각을 하면서 가슴 아파한다), 가족은 해체되지 않는다. 오히려 아버지의 모스부호 편지를 받은 아들 기우는 기쁜 심경으로 보이며, 아버지를 지하에서 구출하려는 새로운 계획까지 세운다. 이 기획이 실현될 것처럼 보이지 않더라도 가족을 다시 봉합하리라는 인물의 희망을 내세우며 영화는 끝난다. 로맨스의 관점으로 전환하여 보아도 〈기생충〉에는 꽤 다양한 유형의 가족 혹은 커플이 등장한다. 반지하에 살면서 피자 박스를 접는 아르바이트를 하지만 아버지와 아들을 중심으로 단합하는 기택의 가족이 있다. 부부의 결속력은 가족의 결합에 비해 상대적으로 약해 보인다. 전직 해머던지기 선수였던 엄마 충숙은 강력한 힘을 과시하고 있으며, 여러 직업을 전전한 아버지 기택은 경제적 무능으로 아내에게 기를 제대로 펴지 못한다. 박사장의 가족은 자기만의 방에 산다. 박사장의 주된 공간은 자동차처럼 보이며, 집안일에 서투른 아내 연교는 무엇인가를 직접 하는 것보다는 사람을 쓰는 일에 몰두한다. 두 사람은 각자의 공간에 충실하다. 운전기사가 되어 부부 사이를 오가게 된 기택이 아내를 "사랑하시지요?"라고 물었을 때 박사장은 냉소적으로 반응한다. 연교는 아이들을 끔찍하게 생각하지만 다혜의 사춘기와 다송의 심리를 제대로 이해하지 못한다. 영화에 등장하는 부부의 정사 장면도 낭만적 사랑보다는 욕망의 해소에 가깝다. 부부는 욕망의 판타지를 끌어오려 해고한 운전기사의 차에서 나온 싸구려 팬티를 떠올린다. 환히 열린 창문 밖 정원에는 아이의 텐트가 있고, 그들은 오픈된 거실에서 성적 상상력을 끌어와 몸을 달군다. 기우와 다혜는 욕망과 호기심이 만난 우연의 산물이자 화학작용에 가깝다.

서로에게 가장 충실한 커플은 근세와 문광이다. 두 사람 사이에 아이는 보이지 않는다. 가정부였던 문광은 무능한 남편을 희생적으로 돌보며(그 모습은 충숙이나 연교와 대비된다), 근세는 문광의 죽음에 분노해 은신처를 뛰쳐나온다. 그의 행동은 아내를 위한 복수다. 두 사람이 한가롭게 저택에서 오후를 즐기는 일련의 장면들은 비참한 상황 속에서도 서로에게 휴식을 구하는 낭만적 사랑의 전형이다.

멜로드라마로서의 〈기생충〉은 네 유형의 커플을 중심으로 그들 사이의 풍요로운 드라마를 제시한다. 하지만 멜로드라마의 관점에서 기이한 점은 내부적 갈등이 직접적으로 표출되지 않는다는 것이다. 영화이론가 로라 멀비는 "멜로드라마의 짜릿함은 적들 사이의 갈등이 아니라 피와 사랑으로 엮인 사람들 간의 갈등에서 온다"며 내부를 강조한다. 이것이 바람 잘 날 없는 사연을 담은 멜로드라마 장르의 특징이다. 그러나 봉준호의 영화에서 커플의 로맨스는 큰 갈등을 일으키지 않으며, 가족 멜로드라마는 봉합의 자리, 마지막의 자리에 위치한다. 〈기생충〉은 무사히 잘 있다는 편지와 무사히 구출하겠다는 답을 통해, 현실에서는 만날 수 없지만 미래에 만남을 투사한다. 무엇보다 아들 기우는 절대적으로 아버지를 지지하고 그리워하면서 기다린다.

가족을 향한 향수는 강박관념처럼 전작들의 많은 엔딩을 차지한다. 〈살인의 추억〉 마지막 시퀀스의 시작은 2003년이라는 자막과 함께 가족들이 모여 식사를 하는 장면이다. 이제 전직 형사라 불러야 할 박두만은 아들에게 밤새 컴퓨터 게임을 했는지 안 했는지 물어본다. 박두만의 직업도 바뀌고, 집도 바뀌고, 아들과 딸의 모습도 보이지만 박두만은 여전히 형사처럼 취조하듯이 아들을 다그친다. 식빵에 잼을 발라 입에 넣고는 "아빠 얼굴 똑바로 봐. 눈이 벌겋네"라고 말한다.

17년이라는 시간의 간극을 지나 영화의 마지막 시퀀스에 처음으로 등장하는 식사 장면은 영화에서 펼쳐졌던 수많은 살인사건과 연결되어 있다. 누군가의 가족이었던 희생자들이 연이어 죽어나갔고, 범인은 잡히지 않았다. 이러한 상황의 마무리를 새롭게 가족을 꾸린 전직 형사 박두만의 모습과 대비하여 보여준다. 살인사건의 시작은 가족 중 누군가의 죽음이었다고 할 수 있는 데 반해 영화의 끝은 새로운 가족이 꾸려진 전직 형사의 집안이다.

〈괴물〉과 〈옥자〉는 마지막도 비슷하다. 괴물에 의해 딸 현서는 죽음을 맞이했지만 강두는 현서와 함께 있던 세주와 살면서 식사를 한다. 그의 가족 중 아버지와 딸 현서는 희생되었지만, 마무리는 새로운 식구와 함께 밥을 먹는 장면이다. 〈옥자〉는 〈괴물〉과 달리 옥자를 구출해내면서 끝이 난다. 도축장에는 수많은 슈퍼 돼지가 도륙을 당하고 있었고, 무리에서 도망친 아기 돼지가 옥자, 미자 그리고 할아버지와 함께 식사 자리에 앉아 있다. 이질적인 가족들이 한데 모여 있는 장면은 봉준호 영화의 마침표를 차지한다. 〈설국열차〉의 마지막처럼 거대한 설원을 손을 잡고 걸어갈 수 있게 되는 것이다.

봉준호의 작품 속에서 가족을 둘러싼 갈등은 주로 외부의 문제다. 연쇄살인마, 괴물, 정부의 어처구니 없는 대응, 계급으로 나뉜 기차 안, 군인 등. 가족 혹은 유사 가족은 외부와 대결하면서 문제들을 해결해나간다. 물론 가족 안의 갈등이 전혀 없는 것은 아니다. 〈괴물〉의 가족은 서로를 신뢰하지 않는다. 하지만 집안의 가장인 박희봉은 강두의 정신적 문제가 집밖으로 떠돌던 자신으로부터 비롯되었다면서 동생들에게 형을 잘 대해달라고 당부한다. 그것은 유언이 되고, 희봉의 죽음은 가족이 단합하는 데 기여한다. 봉준호의 작품 중 가족 내부의 갈등을 건드리는 것은 〈마더〉가 대표적이다. 그러나 이 작품에서도 파탄 난 가족 세계 사이로 여전히 강력한 엄마와 아들의 관계를 보여준다.

할머니와 외롭게 살던 여고생 아정의 죽음을 시작으로, 엄마 없는 지적장애인이 범인으로 오인받아 체포되는 가족 해체의 현실을 보여주지만 진짜 범인인 도준과 살인자가 된 엄마는 서로의 비밀을 간직한 채 가족으로 살아간다. 이 모순은 단순한 비판의 차원이 아니다. 어머니와 아들이 함께 살아갈 수 있는 것은 '살인'이라는 범죄를 통한 공모 때문이다. 알프레드 히치콕이 말했듯 범죄의 공모는 인물들 간의 결속력을 강화하고, 끝내 헤어질 수 없도록 묶어버린다. 〈마더〉는 가족의 결속이 아름다운 미풍양속이 아니라 괴물과도 같은 끔찍한 현실임을 보여준다.

공모하는 가족은 〈플란다스의 개〉에도 등장한다. 교수가 되기를 희망하는 고윤주와 그의 아내는 자주 경제적인 문제로 부딪친다. 윤주는 가족의 미래가 천오백만 원의 뇌물로 차지할 수 있는 교수 자리에 있다고 입버릇처럼 말한다. 은퇴한 아내가 받은 퇴직금으로 케이크 상자에 뇌물을 담을 때 두 사람은 차분하게 힘을 합쳐 마무리를 한다. 영화의 후반부에 등장하는 이 장면이 부부의 행복한 미래를 약속한다고는 할 수 없겠지만, 영화의 마지막에 윤주는 교수가 되어 등장한다. 그것은 어딘지 공포스럽고 쓸쓸한 가족의 모습이자 세계의 끝에서 전하는 봉준호 영화의 풍경이다. 봉준호의 가족 멜로드라마는 현실의 갈등을 고스란히 끌어안은 채 이야기의 마침표를 찍는다.

———

chapter 8

사 물 들 , 기 호 들

산수경석

〈기생충〉에서 사건의 시작을 알리는 물건이자 중요한 순간에 나타나는 물건은 산수경석이다. 이 돌은 친구 민혁이 기우와 기우의 가족에게 선물로 주었다. 돌과 함께 민혁은 자신이 해오던 다혜의 과외를 맡아달라고 부탁하고, 기우는 박사장의 집에 영어 과외 선생으로 들어간다. 한동안 보이지 않던 산수경석은 기우가 사는 반지하 창문 밖에서 술 취해 오줌을 싸려는 남자를 공격하려 들고 나갈 때 다시 등장한다.

이 장면은 민혁이 등장하는 모습과 연결되어 있다. 기우가 돌을 들고 나가려는 장면은 오줌 싸는 남자가 등장하는 두번째 순간인데, 이 남자가 처음으로 등장한 것은 돌을 들고 온 민혁이 등장하는 때였다. 민혁은 남자를 향해 "정신차려, 정신!"이라고 고함을 치고, 남자를 저지하는 민혁을 보며 기우의 가족은 기세가 다르다고 말한다. 기우가 산수경석을 들고 오줌 싸는 남자를 공격하려 나선 것은 친구 민혁의 행동을 따라 한 것이었다.

돌이 다시 등장하는 것은 영화의 전환이 일어나는 시점에서다. 박사장의 가족이 모두 캠핑을 떠나고, 기택의 가족이 박사장의 집에 모여 파티를 벌이던 날 엄청난 비가 내리기 시작한다. 늦은 저녁 초인종 소리가 울리고 쫓겨났던 가정부 문광이 두고 간 것이 있다며 집안으로 들어온다. 한바탕 소동이 벌어지고, 문광의 뒤를 따라간 가족은 지하에 사는 근세라는 남자를 본다. 그런데 폭우로 캠핑을 취소한 박사장 가족이 황급히 귀환하면서 기택의 가족과 근세 부부 사이의 혈전은 일단락된다.

간신히 집으로 돌아간 아버지 기택과 아들 기우 그리고 딸 기정은 폭우로 자신들의 반지하 집이 침수된 것을 목격한다. 기택의 가족은 대피소로 가기 전 필요한 물건들을 챙긴다. 그때 기우는 민혁이 선물로 주었던 산수경석을 가지고 나온다. 아버지는 기우에게 왜 그렇게 돌을 가지고 있냐고 묻는다. 기우는 "이거요? 얘가 자꾸 나한테 달라붙는 거예요. 진짜로요. 얘가 자꾸 날 따라와요"라고 답한다.

기우는 물위에 돌이 떠오르는 것을 본다. 그것은 기우의 환상이다. 다음날 박사장의 집에서는 캠핑을 대신해 다송의 생일 파티가 준비되고, 초대받은 기우는 지하에 사는 근세를 죽이려는 계획을 세운다. 기우는 가방에서 거대한 돌을 꺼내들고서 지하로 내려간다. 하지만 계획과는 달리 살인은 실패로 돌아가고, 오히려 근세가 내리친 산수경석에 맞아 기우가 쓰러진다. 기우의 계획으로 지하실의 문이 열리고, 기우를 쓰러트린 근세는 칼을 들고 정원으로 나간다. 만일 기우의 계획이 아니었다면 그날의 사건은 일어나지 않았을 것이다. 기우의 계획은 실패한 후 엉뚱한 살인을 가져오고, 그날 던져졌던 돌은 행방이 묘연해진다.

돌은 영화의 마지막 장면에 다다라서 다시 등장한다. 아버지의 모스부호를 받은 기우는 답장을 쓰기 시작한다. "아버지. 저는 오늘 계획을 세웠습니다. 근본적인 계획입니다. 돈을 벌겠습니다. 아주 많이. 대학, 취직, 결혼, 뭐 다 좋지만 일단 돈부터 벌겠습니다……"라는 편지와 함께 장면들이 제시될 때 한적한 계곡에 산수경석으로 보이는 돌이 개천 아래로 잠긴다. 산수경석이 제자리로 돌아가는 것 같은 이 장면은 기우의 욕망이 더이상 진행되지 않고 모든 상황이 제자리로 돌아갔음을 보여준다. 편지 속에서 "돈을 벌면 이 집부터 사겠"다는 바람과는 달리 기우가 박사장의 집을 소유하는 일은 결코 없을 것이다.

물과 관련하여 두 개의 돌 이미지가 제시된다. 침수된 물속에서도 둥둥 떠올랐던 산수경석과 사건이 끝난 후 계곡으로 돌아간 산수경석. 단순히 보자면 기우의 욕망이 들뜨는 순간과 몰락하는 순간을 대변한다고 할 수 있다. 침수된 집에서 떠오른 돌이 기우의 환상이라면, 계곡에 놓이는 돌은 영화적인 차원에서 인서트로 처리된 외부의 개입 혹은 편집자적 논평에 해당하는 제3의 시선이다. 산수경석은 스탠리 큐브릭의 〈2001: 스페이스 오디세이〉에서 인류 역사 속에서 결정적인 순간에 등장한다는 '모노리스Monolith(하나의 혹은 고립된 바위)'처럼 결정적인 순간에 등장하여 기우의 욕망을 이끌어간다. 돌은 기우의 삶을 망쳐버리지만 한편으로는 욕망을 품게 하는 매개체가 되기도 했다. 이 돌은 부잣집 친구로부터 온 것이다.

봉준호 영화의 사물은 산수경석처럼 종종 반복적으로 등장한다. 〈설국열차〉의 성냥은 결정적인 장면들마다 등장하여 사건의 고비를 넘기는 구실을 하고 커티스 일행이 앞으로 전진하도록 길을 밝혀준다. 꼬리 칸에서 처음으로 등장한 성냥은, 영화 중반 어둠의 긴 터널을 지나며 적들과 대결할 때 횃불을 밝히기 위해서, 영화의 마지막에 요나가 기차를 폭파시키려고 할 때 등장한다. 어둠을 밝히는 불인 동시에 시스템을 파괴하고 재설정하는 불인 셈이다.

〈마더〉에서는 엄마가 작두를 활용해 약재를 써는 장면이 반복하여 등장한다. 아들 도준이 경찰에게 잡혀갈 때, 어머니가 고물상 노인을 살해한 후 형사가 찾아왔을 때 등. 반복되는 장면들은 엄마의 불안을 보여주는 순간들이다. 각각의 반복되는 사물은 이야기와 주인공의 욕망에 따라 맥락을 함께하면서 부유하는 기표로 관객의 시선을 끈다. 돌이든 성냥이든 작두든, 주인공의 마음에 따라 불안과 공포, 희망과 혁명을 오가면서 영화 속에서 순환하는 사물로 눈길을 사로잡는다. 그것은 하나의 언어가 아니라 장면마다 달리 말하고 표현되는 봉준호의 순환하는 언어다.

대만 카스텔라

〈기생충〉의 절정은 생일 파
티 도중에 침입한 근세의 공격으로 아수라장이 되는 장면
이다. 그런데 기택은 왜 박사장을 찔렀을까? 근세 부부에게
달려들었던 기택이 박사장에게 칼끝을 돌린 이유는 무엇일
까. 칼에 찔린 기정이 쓰러져 있고, 근세는 "충숙아 나와"라
고 소리친다. 충숙이 요리용 도끼를 들고 근세를 향해 뛰쳐
나간다. 두 사람 사이에 혈투가 벌어진다. 기택은 딸의 상처
를 지혈하고, 박사장은 기절한 막내 다송을 안고 아내 연교
쪽으로 향한다. 기택은 주변을 본다. 근세는 충숙 위에 올라
탄 채 칼로 찌르려 하고, 아이를 데리고 혼비백산하여 도망
치는 여자가 보이고, 다혜가 기우를 업고 가는 모습도 눈에
들어온다. 이 상황에서 박사장은 차를 빼야 한다면서 "김기
사"를 부른다. 기택은 피를 흘리는 기정과 함께 있지만 박사
장은 아랑곳하지 않고 자신과 자신의 가족만을 챙기려고

든다. 다급하게 "차키 던지라고 그냥"이라는 말에 기택은 열쇠를 던진다. 그런데 열쇠는 박사장에게 이르지 못한 채 떨어지고, 그 위에 근세의 몸이 깔린다. 박사장이 쓰러진 근세의 몸 아래 깔린 열쇠를 가져가려다가 멈칫거리며 코를 잡는다. 기택은 이 장면을 노려본다. 그가 말하던 '냄새'에 대한 혐오를 고스란히 행동으로 드러내는 순간이기 때문이다. 기택은 칼을 들고 달려가 박사장을 찌른다.

　이 우발적인 행동에는 긴밀한 필연이 필요하다. 쓰러진 근세의 몸 위에서 박사장이 느낀 '냄새'는 기택의 것이기도 했다. 두 사람의 동질성은 이미 예견된 것이었다. 가정부 문광이 돌아오고, 지하에 사는 근세의 정체가 알려지자 사채를 썼냐는 충숙의 질문에 "대만 왕수이 카스테라 가게가 망해갖고 빚을 좀 심하게 졌어요"라고 답한다. 원래 한국에서 유행했던 명칭은 '대만 단수이 대왕카스테라'이지만 영화는 이를 슬쩍 변형한다. 그런데 많은 사람을 곤궁으로 내몰았던 '대만 카스텔라' 사업을 했던 또다른 인물이 바로 기택이다. 기사식당에 간 기택의 가족은 밥과 반찬을 접시에 담으며 대화를 나눈다. 벤츠를 몰아보았느냐는 자식들의 질문에 발레파킹을 할 때 몰아봤다고 기택이 답한다. 충숙은 "그치, 그 치킨 망하고 대만 카스테라 오픈 전에 그 사이 한 6개월?"이라고 답한다. 기택은 그때가 아니라면서 카스텔라 사업이 망한 뒤에 발레파킹을 했다고 정정한다.

대만 카스텔라는 기택과 근세를 묶어주는 중요한 공통점이다. 대만 카스텔라는 부자를 꿈꾸었던 서민들이 너도나도 뛰어들어 유행했던 자영업이었고, 수많은 사람을 빚더미로 내몰았다. 〈기생충〉이 흥행한 후에 신문 경제면에서는 두 가족이 경험한 카스텔라를 예로 들면서 자영업자들이 부실한 프랜차이즈 산업으로 피해를 보고 있다는 관련 기사를 내보냈다. 2017년 초에 대만 카스텔라가 반짝 유행한 뒤 망했다는 기사가 우후죽순으로 나온 것을 보면, 4년 넘게 지하에 살고 있는 근세는 그보다 더 일찍 피해를 본 인물이라고 할 수 있을 것이다. 근세가 이 사업을 한 것이 정확하게 한국 사회에서 유행한 시기와 일치하지는 않지만, 중요한 것은 자영업자들 사이에 유행이었던 대만 카스텔라 자체다. 갑작스러운 유행이 지나간 후 지금은 '마라'와 '흑당'이 들어와 한국의 거리 풍경을 바꾼다. 올해는 대만풍으로, 내년에는 베트남풍으로, 그다음 해는 태국풍으로 거리가 포장된다. 대만 카스텔라는 인물들을 묶어주고 시대성을 드러내는 단어일 뿐만 아니라 유행 속에서 몰락할 수밖에 없는 주인공들의 삶을 함축한다. 그리하여 기택은 박사장을 찌른 후 근세가 살던 지하로 내려간다. 그 자리는 처음부터 근세와 같은 카스텔라 자영업을 했고, 끝낸 몰락한 기택을 위해 마련된 장소였다. 지하실에서 피어난 유대감은 죽음이 일어나는 위기의 순간, 즉 한낮의 정원에서 기택과 근세를 하나로 묶어준다. 이 묶음은 의미심장하다. 시선의 문제를 다루는 '5장'에서 보는 것의 다양한 차원이 봉준호 영화의 핵심 중 하나임을 설명하였다. 그런데 〈기생충〉에서는 시각만큼이나 중요하게 등장하는 것이 '후각'이다. 비록 박사장은 지하실의 존재를 보지 못하는 눈먼 자처럼 보이지만 그의 후각은 지하에 머무는 존재들을 예민하게 지각한다. 그러나 박사장과는 달리 기택의 가족은 아내 연교에게 냄새 운운하는 박사장의 말에 귀를 기울이고 나서야 자신들의 냄새를 맡아본다. 하지만 냄새의 정체를 쉽게 파악하지는 못한다.

　시각적 존재론에서 후각으로의 이동은 〈기생충〉의 중요한 전환점이다. 대부분의 장면은 박사장 집을 중심으로 '보이는 것'의 세계로 가득차 있다. 보이는 것은 선을 지키지만 박사장이 끝내 선을 넘어온다고 표현하는 '이 냄새'는 지하실에 사는 기택과 근세를 이어주는 존재론적 고리인 동시에 박사장이 또다른 세계의 가능성을 인식하는 출발점이 된다. 이러한 관점에서 기택이 저지른 살인은 단순히 냄새의 동질성이나 계급의 연대를 통한 분노와 공격만이 아니라, 후각으로 자신들의 세계를 알아차린 박사장을 향한 '불안'의 표현이기도 하다. 냄새의 정체를 완전히 파악하게 될 때 자신을 포함한 가족의 비밀이 드러나게 될 뿐만 아니라 냄새는 결코 자신이 감출 수 없는, 기택과 함께 거주하는 실체이기 때문이다. 이 냄새로 기택은 근세처럼 지하실의 사람이라고 규정당할 것이 뻔하다.

'몸의 현상학'을 기획했던 메를로 퐁티는 신체를 통한 지각이 세계를 구성하는 기본적인 터전임을 강조했다. 그는 몸이 서로 다른 것들, 연결되지 않는 것을 연결하는 작용을 하며, 의식을 통한 지각은 실제로는 존재하지 않는 것이고, 몸을 통한 지각이야말로 '살의 현상학'을 이루는 생활 세계의 토대임을 강조하였다. 〈설국열차〉가 요나라는 인물로 칸 너머의 보이지 않는 세계로 넘어가는 수평적 이동에 주목했다면, 〈기생충〉은 후각으로 수직적 차원을 꿰뚫는다. 우리 몸이 느끼는 현실의 문제를 파고들어 아래와 위의 세계가 서로 연결되어 있음을 표현한다. 이를 지각한 박사장의 감각은 끝내 기택의 살인을 이끌어낸다. 그러므로 〈기생충〉에서 구현된 계급의 문제는, 대만 카스텔라라는 경제적 기표로 출발하여 냄새라는 감각으로 계급 내의 연대와 계급 차이의 불안을 오간다. 이는 오늘날 자본주의에서 중요하게 떠오르는 것이 경제적 차이가 아니며, 냄새라는 신체 감각이야말로 실존적으로 예민하게 다가오는(분노를 구성하는) 차이임을 보여준다. 이 신체(감각)의 현상학을 통한 후각적

통찰은 향후 봉준호의 영화가 걸어갈 또하나의 방향을 예고하는 것이다.

골뱅이와 황금 돼지

　　　　　　　　이미지의 유사성은 봉준호 감
독이 즐겨 사용하는 표현 방식이다. 〈괴물〉에는 이러한 유
사성의 이미지가 다수 등장한다. 한강 둔치 매점에서 손님
에게 갖다줄 오징어를 굽던 강두가 다리 하나를 뜯어먹는
바람에 항의를 받고, 새로 구워 가져간 오징어를 전달하
는 과정에서 강두는 괴물을 목격한다. 괴물은 오징어의 양
쪽 촉완을 닮은 긴 꼬리로 한강의 교각 아래 매달려 있다
가 강물로 뛰어들고, 이 꼬리를 이용해 현서를 납치해간다.
또다른 장면도 있다. 병실에서 정밀 검사를 받기 전 금식을
해야 하는 강두는 한밤중에 깨어나 음식을 뒤적거린다. 그
가 발견한 것은 골뱅이 통조림이다. 손가락으로 통조림 속
골뱅이를 휘젓는 모습은 분명 기이하다. 그것은 괴물의 질
감을 연상시킨다.
　〈살인의 추억〉에 등장하는 고기 굽는 장면은 이미지를

섬뜩하게 연결한다. 시체를 부검하는 장면에서 백광호의 아버지가 운영하는 고깃집으로 연결되는 편집은 불쾌감을 유발한다. 이러한 연결은 사물의 이미지와 효과에 민감하게 반응하는 봉준호의 페티시즘을 보여준다. 이외에도 여러 유형의 사물들이 등장한다. 〈마더〉에서 경찰서를 찾은 엄마가 형사들에게 '박카스'를 돌리는 장면이나 〈기생충〉에서 기택의 가족들이 피자 박스를 접은 돈으로 사서 마시는 특정 회사의 맥주는 인물들의 계급과 성격을 드러내는 사물들이다.

유사성에 대한 철학적 탐구 중 유명한 것은 프랑스의 철학자 미셸 푸코가 쓴 『말과 사물』에 나오는 내용이다. '유사성'에 의한 에피스테메라고 설명되는 16세기(르네상스)에는 '닮음'이 모든 것의 원리가 된다. 17세기(고전주의)는 '표상'의 에피스테메로 설명되는데, 유사성에 근거하던 인식이 '재현representation'으로 바뀐다. 합리성에 의해 사물들의 성질 하나하나를 분석하는 기법이 발달하면서 분석적으로 사고하기 시작한다. 호두가 뇌에 좋다는 속설은 호두의 안쪽 모습이 뇌를 닮았다는 유사성 때문이었는데, 고전주의 시대에 들어와서는 호두의 성질 각각을 분석하게 된 것이다. 16세기처럼 사물들을 서로 근접시키는 것이 아니라 사물을 구별하는 것을 목표로 삼는다. 19세기(근대)는 '역사'와 '인간'의 에피스테메다. 사물을 하나하나 분석하여 재현해내던 방식이 붕괴되면서 그 자리를 인간과 역사가 차지한다. 푸코가 지식 혹은 과학을 뜻하는 그리스어를 가져와 사용한 에피스테메는 사람들이 어떤 방식으로 사고하는지를 보여주는 지식의 체계, 지식의 관계 구도를 뜻하는 용어다.

봉준호의 영화적 에피스테메는 상당 부분 16세기적인 유사성을 닮았다. 직접적으로 괴물을 연상시키는 오징어, 골뱅이뿐만 아니라 폭력적인 시대를 보여주는 시체와 고기의 직접적인 연결은 유사성에 의한 시각적 쾌감과 충격을 준다. 〈살인의 추억〉의 형사들이 용의자와 함께 보는 〈수사반장〉처럼, 이들은 자신들이 되고 싶어하는 모습을 직접적으로 본다. 이렇게 유사성의 표지는 넘쳐난다.

하지만 시각적인 유사성과는 반대로 미끄러지는 순간들도 등장한다. 〈플란다스의 개〉에서 두번째로 개를 찾으러 나선 윤주가 경비원이 숨기려는 통을 열었을 때 그곳에는 개의 사체가 아니라 닭이 들어 있다. 〈괴물〉에서 삼촌 남일이 마지막에 화염병을 투척하는 순간, 화염병을 멋있게 날리는 것이 아니라 놓쳐버리고 만다. 봉준호 감독은 이 순간을 '뻑사리'라고 부른다. 유머가 작동하는 이 순간들은 관객들이 기대하는 유사성의 연결을 무너뜨리고, 그곳에 엉뚱한 것을 집어넣거나 비워버리는 방식으로 제시된다. 납치된 현서가 구출되리라는 기대감 대신에 어린아이 세주를 데려오고, 〈기생충〉에서 상류층과 하층민의 싸움이 되리라는 기대를 저버리고 지하실을 둘러싼 싸움이 영화 후반부를 채운다. 김혜자를 '마더'로 캐스팅하여 눈물나는 어머니의 사연을 볼 거라는 기대감 대신에 살인자 어머니, 그것도 어린 자식을 죽이려고 했던 어머니로 채워놓는다.

그것은 우리의 기대감과 인식 체계를 무너뜨리는 봉준호의 또다른 에피스테메다. 〈옥자〉의 경우 미자의 손에서 뜻밖의 황금 돼지가 나와 낸시 미란도를 단박에 설득한다. 이 엉뚱한 결말은 당혹스럽기도 하지만, 봉준호 감독이 즐기는 것은 기대를 저버리는 빽사리의 순간들이다. 일정하게 기대감을 따라가는 유사성의 체계에 조응하면서, 그것을 한순간 비틀어버리거나 저버리는 '빽사리'의 전략을 취한다. 이 두 갈래의 길은 봉준호의 유머가 구현되는 순간들이라고도 부를 수 있을 것이다. 16세기를 유사성에 의해 설명했던 푸코도 봉준호의 영화처럼 미묘한 닮음에 대한 성찰을 전개한 바 있다. 『말과 사물』이 출간된 이후 벨기에의 화가 르네 마그리트는 푸코에게 편지를 보내어 '유사ressemblance'와 '상사similitude'의 차이를 지적한다. 마그리트는 푸코에게 '이것은 파이프가 아니다'의 드로잉을 보내는 동시에 이 두 단어가 현실에서 만족스러울 정도로 구별되지 않고 있음을 지적한다.

하지만 유사와 상사는 엄밀하게 다른 닮음이다. 유사가 추구하는 닮음은 '원본과 복제품 사이의 닮음 관계'를 말하는 것이고, '상사'는 '복제품과 복제품 사이의 닮음 관계'를 의미한다. 유사는 반드시 원본이 존재할 때 원본과 닮음의 유무를 판단하는 것으로 규명되는 세계다. 하지만 상사에는 원본이 필요 없다. 복제품을 또다시 복제한 것이므로, 조금씩 달라지는 복제품들 속에서 차이만을 드러낼 뿐이다. 유사는 원본 있는 복제이고, 상사는 원본 없는 복제인 셈이다. 이것은 기원과 원본에 집착하는 19세기까지의 태도와, 끝없는 반복과 차이 속에서 번뜩이는 것을 찾아내려고 했던 현대 예술 및 철학을 각각 대변한다. 유사가 원본을 강조하는 근원적인 형이상학이라고 부를 수 있다면, 상사는 복제 속에서 유희와 오리지널의 훼손을 감행하는 입체파의 회화나 팝아트에서 찾아볼 수 있다. 푸코는 마그리트와 서신을 교환한 이후 『이것은 파이프가 아니다』라는 저작을 통해 유사와 상사가 과거와 현대를 가르는 중요한 인식 차이임을 설명한다.

봉준호의 영화를 얼핏 보면 원본이 있는 복제처럼 보인다. 범인을 잡고 싶어하는 〈살인의 추억〉이나 진실을 알고자 하는 〈설국열차〉는 근원을 향한 추격전의 양상을 띤다. 그러나 범인은 존재하지만 끝내 잡히지 않고, 또다시 진실은 미궁 속으로 빠져들고 만다. 봉준호가 인식하는 세계에서 원본은 자주 미끄러지고, 심지어 결정적인 순간에 '삑사리'가 등장한다. 삑사리는 복제를 완성하려는 순간에 미끄러지는 것을 드러내는 태도이며, 이 삑사리가 코미디의 효과를 만들고, 사물의 권위를 추락시킨다. 가령, 〈살인의 추억〉에서 현장에 등장한 경찰관들이 논두렁을 내려오다 미끄러지는 일련의 장면들은 진지하기보다는 우스꽝스러운 현실을 부각시킨다. 이 작품은 과거 화성군 연쇄살인사건을 가져왔지만 원본에 충실한 복제(재현)를 구현하기보다는 이미 기사화되어 신문에 실린 사진들(다시 말해 현장을 복제한 사진들)을 기본으로 삼아 그것을 삑사리로 일그러뜨리고, 또다른 닮음을 만드는 상사에 가깝다. 봉준호의 영화에 원본이나 오리지널리티에 대한 존중이 아예 없는 것은 아니지만, 다양한 비틀기의 방식으로 그 기원을 공격한다.

상사의 적극적인 표현 방식 중 하나인 패러디도 자주 등장한다. 〈옥자〉에서 미란도 코퍼레이션 CEO 루시 미란도와 임직원들이 서울에서 미자가 소동을 일으킨 사건을 두고 회의를 소집한 장면은 오바마 전 대통령과 참모들이 '빈라덴 사살 작전' 상황을 지켜보는 모습을 고스란히 가져왔다. 미 행정부 수반들과 오사마 빈라덴 사살 작전을 백악관 룸에서 지켜보는 사진에서 가져온 사물들의 배치와 인물의 구도는 패러디를 통한 봉준호 감독의 재기 넘치는 비틀기이기도 하다. 방법적 인용이라고 정의할 수 있는 패러디는 특정한 효과를 산출하려 원본을 변형해 가져오는 것이다. 빈라덴 사살 작전은 미국이 만들어낸 허구라는 주장을 비롯하여 여러 비판이 이어졌던, 역사적으로 유명한 장면을 인용하면서, 영화 속 미란도 코퍼레이션이라는 기업의 홍보를 위한 조작의 모습들이 우스꽝스럽게 제시된다.

〈괴물〉의 에이전트 옐로우는 베트남전에 사용되었던 고엽제의 패러디다. 원래 고엽제는 베트남전에서 적의 기지를 제거할 목적으로 사용되었던 제초제다. 정글에서 전투를 벌여야 했기에 식물을 자라지 못하게 하는 제초제의 일종이었다. 이 고엽제는 드럼통을 두른 띠의 색깔에 따라 에이전트 오렌지, 에이전트 화이트, 에이전트 블루 등으로 불렸다. 그중 가장 많이 사용되었고 피해가 컸던 것이 에이전트 오렌지다. 〈괴물〉은 이 명칭을 패러디하여 노란 색깔의 에이전트 옐로우를 만들어냈다. 영화 속에서 미국이 들여온 에이전트 옐로우는 한편으로는 고엽제를 떠올리게 하면서도, 다른 한편으로는 괴물을 무찌르는 화학무기로서 이라크전의 화두였던 대량살상 화학무기를 연상시킨다. 유사와 상사의 이미지를 겹쳐놓으면서 에이전트 옐로우는 괴물 이상의 무서움이라는 암시(그것은 고엽제가 일으킨 폐해와 연결되었을 때 일어난다)를 지닌 채 괴물에게는 큰 효과를 지니지 않는 하나의 허상으로(이라크에는 대량살상무기가 없었다는 증언들의 암시) 제시된다. 하나의 사물을 통한 자유로운 연상 작용은 영화를 정치적으로 만드는 동시에 허구의 세계를 현실의 세계와 연결시키며, 종종 미끄러지기도 한다. 중요한 것은 이미지를 통한 상상력이지 이미지가 정확히 가리키는 지점은 아니다. 그러한 점에서 봉준호의 영화는 유사성을 즐기되 상사성을 추구하는 현대 예술의 이미지와 어깨를 나란히 한다. 많은 정보와 이야기가 이미지로 응축되어 관객들로 하여금 다양한 언어로 말하도록 이끌어낸다.

이름들

〈기생충〉에서 가장 눈에 띄는 것은 캐릭터의 이름이다. 지하에 사는 남자 근세와 그의 아내인 문광의 이름이 어떻게 작명되었는지 선뜻 짐작되지 않는다. 봉준호 감독의 영화에서 이름은 중요하기도 하고, 단순하기도 하다. 〈기생충〉의 기우는 '근심하다'라는 뜻의 한자어에서 가져왔을 뿐만 아니라 최우식 배우의 '우'자를 활용한 것이기도 하다. 〈마더〉에서 엄마의 이름은 배우 김혜자의 이름을 그대로 가져와 혜자라고 썼다. 원빈이 연기하는 아들 도준의 경우도 마찬가지다. 배우의 본명 김도진을 변형하여 도준이라는 이름으로 사용했다. 엄마는 입버릇처럼 "우리 도준이"라고 말한다. 그런데 이름과 관련하여 중요한 것은 '혜자'의 이름이 단 한 번도 불리지 않는다는 것이다. 과거 한국의 많은 어머니가 그러했듯이 혜자는 이름이 아니라 '엄마' 혹은 '어머니'로 불린다. 익명화된 엄마

혹은 어머니는 캐릭터 자체이자 영화의 제목이 된다. 그런데 봉준호 감독은 영화의 제목을 '엄마'나 '어머니'라고 하지 않았다. 친숙하지만 낯선 단어를 사용한다. 마더. 그것은 이름의 비틀기다. 〈플란다스의 개〉에서 이성재가 연기하는 시간강사 '고윤주'는 여성의 이름을 연상시킨다. 윤주를 쫓지만 윤주의 정체를 끝까지 알아차리지 못하는 정의로운 아파트 관리소 직원의 이름은 박현남이다. 배두나가 연기하는 '현남'이라는 이름은 남성을 연상시킨다. 이러한 비틀기로 봉준호 감독은 사물과 이름에 따라붙는 선입견을 공격한다. 내용적으로도 마찬가지다. 현남이 강아지 유괴범으로 잡은 부랑자는 무고한 사람이었다. 그는 인터뷰 방송에서 오히려 감옥이 편하다고 말한다.

　이름과 관련된 미묘한 지점은 정치적 함의에 있다. 실화를 바탕으로 한 〈살인의 추억〉을 움직이는 것은 두 명의 형사다. 송강호가 연기하는 형사의 이름은 박두만이고, 서울에서 내려온 형사의 이름은 서태윤이다. 이 연결고리는 군사정권의 두 대통령인 전두환과 노태우를 떠올리게 한다. 앞 장에서 언급한 '상사'의 원리에 충실하다. 그런데 석 자로 된 이름 중간의 한 음절이 같다는 이유로 두 형사가 각 대통령의 정치적 바통을 이어간다는 식으로는 제대로 된 설명이 될 수 없다. 이름이 아니라 시각적으로 연상 효과를 일으키는 요소가 강조된다.

〈살인의 추억〉 후반부에는 서태윤이 백광호에게 대사 연습을 시키지 않았느냐고 질문하는 장면이 있다. 박두만은 아니라고 말한다. 그런데 박카스 뚜껑을 만지작거리며 책상 위에 누워 있는 박두만의 얼굴 왼편에는 '이순자'의 사진이 등장하는 신문이 함께 놓여 있다. 〈살인의 추억〉은 1986년도 화성군 연쇄살인사건을 배경으로 하였고, 〈빗속의 여인〉이 음악으로 깔리는 대목에서 "전두환 대통령 각하 북중미 5개국……"이라는 플래카드와 환영 인파가 모여 있는 장면, 데모를 하고 파견 나간 형사가 여대생을 구타하는 장면 등을 통해 직접적으로 시대를 가리키고 있다. 신문 기사의 사진이 등장하는 장면 역시 시대를 가리키는 지표 중 하나이지만, 박두만의 '두'와 이순자의 사진을 한 프레임 안에 담을 때 어떤 연상 작용을 일으킬 소지는 있다. 봉준호 감독이 상사와 패러디를 즐겨 사용한다는 점도 감안해야 한다.

그런데 칸영화제와 아카데미 시상식으로 화제에 오른 〈기생충〉 역시 이름에 관한 설들이 국내에서 난무하기 시작한다. 가정부 문광이라는 이름이 소위 '문빠'라는 단어를 연상시킨다는 것이다. 심지어 남편 근세와 함께 북한의 수령 흉내를 내는 장면에서 수령을 연기해 보이는 문광의 모습이 바로 문빠를 가리키는 것이라고 해석한다. 봉준호의 영화에 이미지를 통한 닮음의 기호들이 등장하는 것은 사실이지만 정치적인 문제에 이토록 단순한 유사성을 활용하진 않는다. 심지어 근세라는 이름은 인터뷰에서 봉준호 감독이 언급한 것처럼 '갑근세' '각종 근로소득세'에서 가져온 것이 아니라 박근혜의 '근'에서 가져왔다고 해석하거나 문빠와 짝을 이루는 박사모라고 주장하기에 이른다. 근거는 박사장의 사진을 책상 앞에 두고 '리스펙트'를 외치는 장면이다. '박'이라는 한 글자가 근세를 박사모로 추측하게 만든다.

한 글자에 대한 연상 작용이 이처럼 지나치게 명백할 수 있을까. 그것은 마그리트가 푸코에게 지적했듯이, 유사와 상사의 닮음을 혼동한 결과다. 유사에는 대통령의 이름이든 사물의 원본이든 오리지널이 있지만 상사에는 연상작용의 연쇄와 유희만이 있을 따름이다. 〈살인의 추억〉은 실화를 바탕으로 하였고, 곳곳에서 〈수사반장〉 '대통령 환영 플래카드' '신문 기사' 등이 시대를 가리키고 있다. 그러나 〈기생충〉에는 시대를 직접적으로 가리키는 지표가 없다. 근세는 대만 카스텔라 사업을 하다 망해버린 우리 시대의 자영업자일 뿐이다. 만일 이름에 관한 추론대로 문광이 문빠이고 근세가 박사모라면, 황급히 지하실로 내려간 문광이 어째서 근세에게 젖병을 물리며 그토록 그를 살려내려 고군분투할까. 소셜 미디어와 각종 네트워크에 등장하는 이에 대한 답변으로 등장하는 것은 단순한 해석의 차원을 뛰어넘는다. 현실 정치를 들여다보면 박사모와 문빠가 서로를 돕는 정치적 공모 관계에 있으며, 봉준호의 영화는 정치적으로 이를 은유한다는 것이다. 이쯤 되면 한 편의 영화에 가해지는 현실 정치의 상상력이 도를 넘어설 뿐만 아니라 영화를 정치적 해석을 위한 도구로 전락시켜버린다.

실제 영화의 장면을 들여다보면 이러한 해석은 불가하다. 근세가 머무는 지하실 한쪽에 쌓아올린 통조림 캔에 붙은 사진들은 대략적으로 김대중, 링컨, 이봉주, 만델라, 조오련, 박찬숙 그리고 박사장이다. 링컨 사진이 있다는 이유로 근세를 미국 추종자라고 부를 근거가 될까? 캔 위에 붙은 사진들은 한결같이 시대를 풍미한 정치, 스포츠, 역사의 영웅들이다. 근세가 경제 잡지의 표지를 장식하는 '박사장'을 포함하여 세 장씩 붙여놓은 사진들은 성공하고 싶었던 근세의 단순한 욕망을 드러내는 표지이다. 이 모방의 욕망이 결정적이다. 〈기생충〉은 복제품을 복제하는 사람들과 기우처럼 타인의 욕망을 복제하려는 인물로 채워져 있다.

'동시대 할리우드 영화의 정치와 이데올로기'라는 부제가 달린 『카메라 폴리티카』의 저자 마이클 라이언과 더글라스 켈너는 서론에서 영화를 이데올로기적으로만 해석하는 것에 반대하면서 이러한 접근은 "서로 다른 역사적 계기에 의해 생산된 서로 다른 영화들의 필연적인 차이점을 평면화하고, 변화하는 사회적 상황 속에서 영화의 차이와 다양성의 수사학과 재현적인 전략과 효과들을 간과해버린다"고 비판한다. 정치적인 상황에 맞춰 영화를 해석하는 것은 흥미로울 수 있겠지만 이러한 이데올로기적 해석은 봉준호의 영화가 지닌 복잡함을 단순화시킬 위험에 내몰고 만다. 저자들은 주요한 "영화적 정치적 의미는 일종의 특수한 쟁점을 만들고, 구체적인 재현 전략을 세우고, 가능한 효과들을 생성하는" 문제라고 말한다. 봉준호 감독의 이름 짓기 속에서 배우의 이름을 직접적으로 활용하거나 비틀어버리는 방식, 그리고 시대와 관련된 이름을 연상시키게 만들거나 동시에 이를 뭉개버리는 전략은 해석의 풍요로움을 가져온다. 이러한 방식을 이해할 때 우리는 한 편의 영화가 전달하는 다양한 효과들을 풍요롭게 이해할 수 있다.

이름은 평면적인 대입 효과가 아니라 복합적인 시대성과 정치를 가로지르며, 각자의 입장에서 근세와 문광을 바라보게 하는 재현의 정치학이자 상사의 전략이다. 이들이 소파 위에 누워 북한의 정치적 모습을 연기하는 것은 한국 사회를 둘러싼 단면들의 풍자이자 패러디일 뿐, 그 자체가 감독의 정치적 입장을 대변한다는 것은 지나치게 멀리 나간 해석들이다. 중요한 것은 단순성에 있다. 이름이 지닌 함의

가 무엇이건 간에 가족 모두가 죽은 이는 문광과 근세뿐이다. 영화 속에서 그들은 가장 밑바닥에 놓인 사람이었고, 근세는 자신의 존재를 감춘 채 살아갈 수밖에 없었다. 한국 사회에서 박사모와 문빠로 대변되는 사람들이 자신의 존재를 감추며 살아간 적이 있었는가? 정치적 작명이 아니라 '존재 자체'에 주목할 때 우리는 이름에 감춰진 이데올로기를 생각할 수가 있다. 문광이라는 이름은 지하에 사는 존재들이 도저히 다다를 수 없는, 혹은 한밤중에 몰래 즐길 수밖에 없는 '달빛'일 따름이다. 도달할 수 없는 세계를 열망하는 역설적인 작명으로 봉준호 감독은 아이러니한 현실을 강조한다. 그것이 이름 속에 숨겨진 메시지라면 메시지일 것이다.

끝으로, 봉준호의 영화에서 활용되는 이름 짓기의 방식은 신화와 가족 유사성과 연결된다. 〈설국열차〉에서 벽 너머를 볼 수 있는 요나의 이름은 누가 뭐래도 성서의 인물을 연상시킨다. 예언자 요나는 신의 명령을 거부하고 도망치다가 바다 위에서 폭풍우를 만나게 된다. 바다에 던져진 요나를 물고기가 삼켜버리고, 그는 3일 동안 물고기 뱃속에 있으면서 자신의 잘못을 뉘우친다. 요나라는 이름은 부활의 의미다. 아버지 남궁민수와 함께 감옥 칸에서 깨어난 요나는 벽 너머를 볼 수 있는 예언자적 능력을 지니고 있을 뿐만 아니라 전복된 기차에서 어린 티미와 함께 살아남는 생존자가 된다. 요나는 15년 전에 열차 밖을 나갔던 에스키모 청소부의 현신이자 잠에서 깨어난(부활한) 신화 자체이다. 아이, 여성 그리고 초월적 능력을 탑재한 신화적이고 만화적인 상상력은, 현실의 은유로 가득찬 이름들과 달리 봉준호의 영화가 보편성을 향해 뻗어가고 있음을 보여주는 작명이 된다. 여기에 '옥자'를 구출하는 '미자'는, 꽤 오래전에 여성의 이름에 활용했던 돌림자를 연상시키며 돼지와 인간을 자연스럽게 가족 유사성의 신화로 묶어버린다. 그것은 이질적인 것들을 하나로 통합하는 보편성의 추구이자, 이름 짓기를 통한 봉준호의 상사적 세계다.

여기에 앞으로 펼쳐질 이름은 '남궁민수' '남궁현자'로 이어지는 유희적인 작명법이다. 인터뷰를 통해 "학창 시절 제가 잘생겨서 다소 질투했던 친구의 성 역시 '남궁'이었다"라고 말했지만 사실 여부와 상관없이 영화마다 반복되는 이름은 봉준호의 작품세계를 이어주는 연결고리를 만들어낸다. 연상 효과를 즐기는 스타일은 캐릭터의 이름 속에서도 반복되고, 그것은 끊임없는 호기심과 상상력으로 관객을 유혹한다.

배우들

봉준호 감독의 배우들은 이상하게 눈길을 끈다. 페르소나로 잘 알려진 송강호를 비롯하여 자주 등장하는 배우들을 보는 탓도 있겠지만 한두 번의 인연으로 끝이 나는 경우에도 강한 인상을 남긴다. 어느자리에선가 봉준호 감독은 〈살인의 추억〉의 첫 장면에 등장하는 이재응 배우를 두고 천재 소년이라고 말했던 적이 있다. 〈국가대표〉를 비롯한 여러 영화에 등장한 이재응은 〈괴물〉에서도 세주와 함께 다니는 떠돌이 아이로 등장한다. 봉준호의 영화에서는 세상에 속하지 않은 것 같은 인상으로 다가오는 인물이다. 〈살인의 추억〉의 마지막을 장식하는 정인선 배우는 봉준호 감독의 단편 〈싱크 & 라이즈〉에도 등장한다. 아빠와 함께 한강 매점에서 군것질거리를 사려는 딸로 등장하는데, 두 사람의 인연이 〈괴물〉까지 이어지지는 못했다. 〈괴물〉부터 소녀의 페르소나로 등장한 것은 고아성이고, 이는 〈설국열차〉의 요나로까지 이어진다. 〈옥자〉를 제작하는 시점에 고아성은 이미 성장하였기에 봉준호 감독이 새로운 페르소나로 택한 배우는 안서현이다. 단순한 생각이지만 두 배우의 모습을 통해 봉준호 감독이 선호하는 캐릭터를 짐작할 수 있다.

김뢰하는 봉준호 감독의 공식적인 첫 단편 〈백색인〉의 주인공이었고, 〈살인의 추억〉에서 폭력적인 형사 조용구로, 〈플란다스의 개〉에서는 부랑자로 등장한다. 삭막한 아파트 지하실보다 차라리 감옥이 좋다고 인터뷰하는 부랑자의 모습은 냉정하거나 폭력적인 모습으로 등장하는 다른 영화의 캐릭터와는 조금 다른 느낌이다. 의외로 많은 영화에 출연하지만 정작 눈에 띄지 않은 배우는 윤제문이다. 그는 봉준호 감독이 연출한 〈인플루엔자〉의 주인공 캐릭터였고, 〈싱크 & 라이즈〉에서 정인선의 아버지로 등장할 뿐만 아니라 부녀가 노숙자 행색을 하고 있다. 이 모습은 장편 출연작 〈괴물〉의 노숙자 캐릭터로 이어진다. 또한 〈마더〉에서 형사 역할을 맡았으며, 〈옥자〉에서 미란도 코퍼레이션을 돕는 박문도라는 인물로 등장한다.

목소리만으로도 인상을 주는 배우가 있다. 〈기생충〉의 문광 역뿐만 아니라 드라마를 오가며 주목을 받고 있는 이정은 배우는 〈옥자〉에서 옥자의 목소리 역할을 맡았을 뿐만 아니라 옥자와 미자가 서울 지하상가를 질주하는 장면에서 휠체어에 탄 채 깜짝 등장한다. 그런데 이정은 배우의 인상적인 순간을 볼 수 있는 또다른 영화가 있다. 바로 〈마더〉이다. 장례식장에서 죽은 여고생 아정의 친척으로 잠깐 등장하는데, 엄마 김혜자와 실랑이를 벌이는 장면이 강렬하다. 최우식 배우가 봉준호 감독의 영화에서 처음으로 등장한 것은 〈옥자〉였다. 트럭 기사로 등장한 최우식은 다음 작품인 〈기생충〉에서 주인공 기우로 등장한다.

〈기생충〉은 새로운 배우들이 다양하게 등장하는 영화이기도 하다. 기택의 아내 충숙 역을 맡은 장혜진 배우와의 실제 인연은 〈살인의 추억〉으로 거슬러올라간다. 당시 봉준호 감독의 캐스팅 제안은 실현되지 못했지만 윤가은 감독의 〈우리들〉(2016)에 출연한 장혜진 배우를 보고 다시 연락을 취한다. 봉준호 감독은 〈살인의 추억〉 때 연락했던 인물인지는 모른 채 〈우리들〉에서 현실적인 엄마를 리얼하게 연기하는 모습을 보고 〈기생충〉 출연을 제안하였다.

실제로 봉준호 감독은 윤가은 감독을 포함한 한국의 젊은 작가들의 작품을 자주 보는 편이다. 〈기생충〉의 근세를 연기한 박명훈 배우와 인연이 된 것도 〈재꽃〉(2017)이라는 작품에 등장한 모습을 통해서였다. 술 취한 연기를 리얼하게 선보인 박명훈 배우의 모습을 보고 자신의 영화에 어울리는 이미지를 떠올리게 된다. 이러한 선택 방식은 알프레드 히치콕 감독의 배우 활용을 연상시키기도 한다. 봉준호 감독과 히치콕이 배우를 선택하거나 활용하는 방식이 완전히 동일하진 않지만, 히치콕이 중시했던 것은 보이는 이미지 자체였다. 여러 인터뷰를 보면 봉준호 감독도 그의 캐릭터 이미지가 자신의 영화와 어울린다고 생각할 때 배우를 선택했다. 〈기생충〉의 이채로움은 또다른 데 있다. 한국의 드라마나 영화에서 이처럼 다양한 중견 배우들이 대거 등장하는 경우를 보기란 쉽지 않다. 심지어 이들이 영화의 중심을 차지한다. 대부분의 드라마에서 중견급(이 말을 정확하게 측정하기는 쉽지 않지만) 배우들의 역할은 주인공이 아니라 젊은 배우들을 돕거나 방해하는 조연에 그친다. 그런 점에서 〈기생충〉은 꽤나 색다른 가족 드라마였고, 다양한 관록의 배우를 만나게 하는 계기였다.

봉준호 감독은 스스로가 배우이기도 하다. 자신의 작품을 포함하여 꽤 여러 영화에서 연기를 보여주었다. 자신이 만든 단편 〈지리멸렬〉에서는 우유배달 소년의 형으로 뒷모습만 짧게 등장한다. 류승완 감독의 〈피도 눈물도 없이〉(2002)에는 형사로 출연하였고, 껌을 씹으며 대사를 내뱉기도 한다. 조금 더 인상적인 영화로는 이경미 감독의 〈미쓰홍당무〉(2008)에서 양미숙(공효진)과 같은 영어 학원에 다니

는 회사원으로 등장한다. 제법 비중이 있는 역할이다. 7분
짜리 단편영화 〈불 좀 주소〉(2009)에서는 주연을 맡기도 했
다. 기타를 들고 등장한 남자를 연기한 봉준호 감독은 끝내
한강으로 몸을 던진다. 〈괴물〉을 연상시키는 이 캐릭터에는
여러 가지 계산이 깔려 있는 것처럼 보인다.

옴니버스 영화 〈인류멸망보고서〉(2012)에서는 임필성 감
독이 만든 '멋진 신세계' 편에 TV 토론 패널로 등장한다.
이 장면은 봉준호 감독의 단편 〈지리멸렬〉의 패러디다. 임
필성 감독은 〈괴물〉에 출연한 바 있다. 그는 박해일이 연기
하는 남일을 배신하는 인물로 등장한다. 서로의 작품에 품
앗이를 한 셈이다. 비교적 최근에 출연한 작품은 단편영화
〈루이스 자네티의 영화의 이해〉(2014)다. 봉준호는 〈설국열
차〉를 연출한 봉준호 감독 자신으로 등장해 책 『영화의 이
해』에 관해 인터뷰했다. 봉준호 감독은 '저도 처음 영화 공
부할 때 이 책으로 했다. 『수학의 정석』 『성문기초영어』가
있듯 영화 쪽에서는 『영화의 이해』가 그런 역할을 했었던
책'이라고 말한다. 『영화의 이해』는 영화를 공부하던 시절
실제로 봉준호 감독이 탐독하던 책이었던 만큼 이 인연은
특별해 보인다.

chapter 9 ──── 〈기생충〉 이후

1.

봉준호 감독이 히치콕의 애독자임을 여러 차례 언급하였지만 〈기생충〉이야말로 너무나도 히치콕적인 영화라고 할 수 있다. 〈기생충〉의 전반부에서 기우는 유학을 떠나는 친구 민혁을 대신하여 과외 선생이 된 후 박사장의 집에 가족들을 취직시킨다. 여동생 기정은 미술 선생님으로, 아버지는 운전기사로, 어머니는 가정부로 들어간다. 막내 다송의 생일을 맞아 박사장 가족이 캠핑을 떠나고, 텅 빈 집을 차지한 기우의 가족은 여유로운 한때를 보낸다. 그런데 비가 내리기 시작하는 저녁 무렵 인터폰이 울린다. 모니터에는 우비를 입은 전직 가정부 문광이 보인다. 그녀는 지하실에 두고 온 물건이 있다며 충숙에게 들여보내달라고 사정한다. 집으로 들어온 문광은 지하실로 통하는 문을 열고 그곳에서 숨어 사는 근세를 소개한다. 그는 문광의 남편이었다.

히치콕의 대표작 〈싸이코〉는 샌프란시스코에 있는 애인 샘과 결혼하기 위해 여주인공 마리온이 고객의 돈을 훔쳐 도망치는 것으로 시작한다. 정지 신호에 걸려 차를 멈춘 횡단보도 앞에서 마리온은 고객과 함께 걸어가는 사장과 눈이 마주친다. 불안해진 마음으로 운전하는 마리온은 쏟아져내리는 피로감을 주체할 수가 없다. 그녀는 길가에 차를 세워둔 채 잠이 든다. 다음날 아침 마리온은 경찰에 의해 깨어나고 그녀를 수상하게 여긴 경찰은 신분을 확인한다. 마리온의 불안은 더욱 커지고, 중고차 가게에 들러 차를 바꾼 후 재빠르게 도시를 빠져나간다. 하지만 갑작스레 쏟아지는 '폭우'로 운전하기 어려운 지경에 이르자 '베이츠 모텔'이라는 간판에 이끌려 방향을 돌린다. 모텔에 도착한 마리온은 주인장 노먼 베이츠의 호의로 간단한 저녁식사와 대화를 나눈 후 방으로 돌아온다. 욕실에 들어가 샤워기의 물을 틀고 여행의 피로와 쌓인 죄의식을 씻어내려고 할 때 낯선 자의 갑작스러운 공격을 받는다. 낯선 자는 마리온을 난도질하고 사라진다. 뒤늦게 뛰어들어온 노먼이 황급히 시체를 치우고 욕실의 피를 닦아낸다.

〈기생충〉과 〈싸이코〉는 서로 다른 두 개의 이야기를 결합한다. 〈싸이코〉의 전반부가 돈을 갖고 도망치는 마리온의 이야기라면, 후반부는 마리온이 살해당한 후 베이츠 모텔의 주인 노먼의 사연에 집중한다. 〈기생충〉의 전반부가 기우 가족의 사기극이라면, 후반부는 근세의 등장으로 벌어지는 살인과 아수라장을 이루는 스릴러다. 두 영화의 공통된 전환점은 갑자기 쏟아지는 폭우다. 그런데 어떻게 서로 다른 이야기가 연결될 수 있을까. 〈싸이코〉가 마리온에서 노먼으로 전환되는 이야기라면, 〈기생충〉은 '기우로부터 문광' 혹은 '기택에서 근세'로 전환되는 이야기다. 〈기생충〉은 '기우─박사장집─근세'로 연결되며, 〈싸이코〉는 '마리온─베이츠 모텔─노먼의 어머니'로 이어진다. 서로 다른 두 개의 이야기(인물)를 교차시키는 장소가 사람들이 애용하는 공항이나 버스 대합실, 광장이나 교회가 아니라 '집'이라는 사실은 무척이나 흥미롭다. 〈기생충〉과 〈싸이코〉의 집은 인물, 인물의 욕망, 서로 다른 영화 장르를 연결하는 이야기의 터널이다.

남궁현자가 지은 집을 오가는 사람들의 내력만으로도 수많은 이야기가 교차하고 있음을 쉽게 파악할 수 있다. 처음에는 집의 설계자 남궁현자와 가정부 문광이 살았고, 박사장과 그의 가족이 새로운 주인이 된다. 박사장의 아내 연교는 교사들과 집안일을 돕는 사람을 선발한다. 남궁현자의 가정부였던 문광만이 집을 잘 알고 있다는 이유로 계

속 일하는 특권을 얻는다. 그런데 다혜의 영어 교사로 기우가 등장하면서 기존의 사람들을 하나둘씩 쫓아내기 시작한다. 결국 가정부 문광마저 쫓겨나는 신세가 된다. 이제 집에는 박사장의 가족과 기우의 가족만이 남아 있다. 기우는 박사장의 고등학생 딸인 다혜와 함께 펼칠 미래를 꿈꾸면서 이 집을 자신의 소유로 상상하기 시작한다. 하지만 가정부 문광이 집을 다시 찾아오면서 상황이 달라진다. 숨겨둔 지하세계가 드러나고, 남편 근세가 모습을 드러낸다. 급기야 박사장의 가족이 캠핑을 취소하고 집으로 돌아오면서 비가 내리는 늦은 저녁은 '한 지붕 세 가족'으로 채워진다. 지상에는 박사장 가족이 있고, 거실 테이블 밑에는 가정부 충숙을 제외한 기택의 가족이 숨어 있으며, 지하에는 뇌진탕을 일으켜 쓰러진 문광과 줄에 묶인 근세가 있다.

이 수직의 계열화는 집의 구조가 무엇인지를 보여주는 순간이다. 잠든 틈을 타 기택의 가족이 몰래 빠져나가지만 다음날 막내 다송의 생일 파티가 열리면서 공교롭게도 세 가족은 또다시 한 지붕 아래 모인다. 파티에는 새로운 손님들까지 가세한다. 가장 많은 사람이 모인 장면이다. 이 순간 칼을 든 근세가 한낮의 정원으로 뛰어든다. 사람들이 흩어지고, 기정, 근세, 박사장이 차례로 칼에 찔린다. 사고가 수습된 후 이곳은 빈집이 된다. 다소 시간이 흐른 뒤 과거의 사건을 모르는 독일인 부부가 집의 새로운 주인이 된다.

그런데 남궁현자의 저택은 단 한 번도 빈집이었던 적이 없다. 문광의 남편 근세는 가정부 문광의 특권으로 이 집에서 몰래 살기 시작했고, 심지어 문광이 쫓겨난 후에도 살고 있었다. 기택은 살인사건이 일어난 직후 지하실로 숨어들어 간다. 집을 돌보는 집사도 아니고, 지상을 마음대로 오갈 수 있는 처지도 아니지만 근세의 뒤를 이어 기택은 홀로 집을 차지한다. 그는 영화의 제목 그대로, 근세의 뒤를 이어 숙주의 몸(집)을 무단으로 사용하는 기생충이다.

집에 대한 통찰을 제공하는 글로, 프로이트의 초기 논문 『낯선 두려움unheimlich』은 흔히 공포나 불안의 기원을 설명할 때 자주 인용된다. 독일어 하임리히heimlich는 '집과 같은' '편안한'이라는 뜻을 지니는데, 여기에 부정접두사 운(un)이 붙으면 '낯선' '두려운'의 뜻이 된다. 그런데 프로이트는 독일어사전에서 운하임리히unheimlich에도 하임리히와 같이 '편안한' '집과 같은'이라는 뜻이 있음을 확인한다. 프로이트는 E. T. A. 호프만의 『모래 사나이』를 분석하면서 집에서 일어나는 낯선 순간을 설명하는데, 일상의 집에서 일어나는 섬뜩한 전환은 현실에서도 종종 경험할 수 있다. 예를 들어 자정을 알리는 시계 소리가 들리거나 창밖의 어둠을 보며 섬뜩해지는 경우, 이러한 순간을 프로이트는 운하임리히라고 설명한다.

운하임리히는 영어 '언캐니uncanny'로 번역되어 오늘날 예술작품이나 대중문화를 분석하는 도구로 널리 쓰이고 있다. 영국의 문화이론가인 마크 피셔는 자신의 저서 『기이한 것과 으스스한 것』의 서문에서 "널리 알려졌듯이, 운하임리히는 부적절하게도 '언캐니uncanny'라 영역되었다. 사실, 프로이트가 그 용어로 뜻하는 바를 더 잘 포착하는 단어는 '언홈리unhomely'이다"라며 번역의 문제를 제시한다. 더 큰 문제는 운하임리히가 널리 통용되면서 '기이한 것the weird' '으스스한 것the eerie'과 겹쳐진 의미로 쓰이기 시작했다는 점이다. 하지만 둘 사이에는 낯선 것을 대하는 방식에 중요한 차이가 있다.

"프로이트의 운하임리히는 낯익은 것 내부의 낯선 것, 이상하게 친숙한 것, 낯설게 느껴지는 친숙한 것—즉, 내부 세계가 그 자체와 일치하지 않는 것을 일컫는다. 프로이트의 정신분석학에서 발생하는 모든 모순은 바로 이 개념으로 집약된다. 그것은 낯익은 것—가족적인 것을 낯설게 하는 것인가? 아니면 낯선 것을 낯익은 것, 가족적인 것으로 전환하는 것인가? 여기서 우리는 프로이트 정신분석에 내재하는 이중적 움직임을 제대로 인식할 수 있다." 피셔의 '기이한 것과 으스스한 것'은 운하임리히처럼 내부가 아니라 외부와 연결되어 있으며, 외부의 지각을 통해 내부를 인지하게 된다. 으스스한 귀신이나 유령은 사후 세계라 불릴 수 있는 외부 세계로부터 온 것이지 결코 내부에서 발생하는 것이 아니다. 외부로부터 와서 내부에 살고 있을 따름이다. 반면에 '기생충'은 신체 내부에 존재한다. 〈싸이코〉는 노먼의 정신에 기생하는 어머니의 존재를 다루며, 〈기생충〉은 박사장이 소유한 거대한 저택 아래 함께 살고 있는 사람들을 보여준다.

기본적으로 기우 가족의 집에 대한 생각은 박사장의 가족이 캠핑을 떠나고 거대한 집을 단독으로 차지하던 한나절의 마무리 과정에서 잘 표현되고 있다. 자신과 다혜의 결혼을 꿈꾸는 기우는 여동생 기정에게 "너 만약에 이 집이 우리 게 된다면, 여기서 우리가 산다 치면 너 어디를 니 방으로 쓰고 싶냐? 이 남궁현자 선생님의 이 걸작 하우스에서 어디가 니 맘에 쏙 드냐 이 말이지"라며 질문한다. 술에 취한 기정은 "일단 살게 해줘봐. 내가 살면 고민을 해볼게"라고 답한다. 남매의 대화를 듣던 기택이 끼어든다. "아니 뭐, 지금 살고 있잖아. 이렇게 거실 복판에서, 술도 잔뜩 마시면서." 기우가 아버지의 말에 호응한다. "그렇죠. 이게 사는 거지 뭐, 사는 게 별건가." 기택 역시 "여기가 지금 우리 집이야. 아늑하잖아" 말한다. 끝으로 충숙이 대화에 끼어들며 그들만의 환상을 깨뜨린다. "아늑해? 아늑하셔? 그래, 이 러다가 갑자기 박사장이 딱 집에 온다 쳐봐. 김기택 이 인간? 바퀴벌레처럼 샤샤샤샤삭 숨겠지." 가장을 바퀴벌레에 비유하는 아내의 말은 각자의 위치에서 남궁현자의 저택을 이상화하고 현실화하는 방식을 보여준다.

하지만 내부에 있는 기생충은 피상적인 대화보다 한참 더 깊은 문제를 제기한다. 사전적으로 기생충은 다른 동물체에 붙어서 양분을 빨아먹고 사는 생물을 말한다. 기생충의 종류는 형태에 따라 다양하게 분류되는데, 크게는 동물의 신체 외부에 기생하는 것과 내부에 기생하는 것으로 구별된다. 박사장의 집에 기생하는 존재들을 기생충의 관점에서 분류한다면 겉에서 확인할 수 있는 기우 같은 존재가 있고, 근세처럼 내부에 숨어 보이지 않는 종류가 있는 셈이다.

영화의 절정은 내부에 있던 근세가 외부로 올라오는 순간이다. 평소에는 말조차 제대로 할 수 없던 근세가 기우의 공격을 피해 정원으로 나오고 술을 들이켠 후 "충숙아 나와"를 외치며 등장한다. 근세는 아내의 죽음에 대한 애도와 분노를 동시에 터트리면서 파티가 열리는 정원을 자신의 지하실처럼 장례식장으로 만들어버린다. 분명한 것은 근세의 분노가 박사장을 향한 것이 아니었다는 점이다. 쓰러진 근세가 박사장과 눈이 마주쳤을 때 "안녕하세요. 박사장님"이라며 인사를 건넨다. "나 알아요?" 하는 박사장의 반응에 근세는 '리스펙트'를 외치며 여전한 존경심을 표현한다. 근세의 분노는 문광을 죽인 충숙과 그녀가 분주하게 움직이는 파티 장소를 향해서다. 자신의 가족은 불행을 겪고 있음에도 아랑곳없이 클래식이 흘러나오는 파티를 향한, 자신의 분노를 알지 못하는 세상을 향한 절규다. 〈싸이코〉에서 노먼의 어머니가 마리온을 난도질하는 것도 같은 맥락이다. 어머니의 분노는 오랫동안 아들과 함께 지켜왔던 평화로운 가정을 위협하는 젊은 여성의 등장을 향한 것이다.

영화든 현실이든 기생하는 존재들의 권리 주장은 받아들여지지 않는다. 그들의 분노는 종종 피해자의 자기 합리화로 오인받는다. 하지만 근세의 반격은 〈기생충〉에서 일정한 폭발력을 보여준다. 영화 속에서 가장 약한 존재 중 하나이자 자신의 권리에 대한 목소리를 내본 적이 없는 자가 터트리는 분노에는 세상이라는, 추상적이지만 꽤나 현실적인 대상을 향한 저주의 목소리가 서려 있다. 근세의 분노는 박사장이 평소에 강조하던 '선'을 넘어 버리는 행위이고, 그것은 기생하는 존재들이 목소리와 긴밀하게 연결되는 몸짓이 된다.

근세의 행동은 아이러니하게도 기택을 자극한다. 충숙과 근세가 사투를 벌일 때에도 기택은 아수라장이 된 파티 현장을 둘러보면서(다소 느린 화면으로 표현되어 있다) 당혹스럽고 두려운 표정으로 가득차 있다. 그것은 이 사태를 감당할 수 없다는 곤란함이 담긴 클로즈업이다. 박사장을 응시하던 기택이 정색을 하고서 칼을 들고 달려가는 장면에는 어떤 우연적인 결기가 엿보인다. 기택은 어째서 박사장을 찔렀는가? 박사장은 이번 사태와는 무관한 인물처럼 보인다. 박사장은 기절한 막내를 안고 나가려고 기택에게 자동차 열쇠를 던지라고 고함을 지른다. 한참을 머뭇거리며 던진 열쇠는 근세의 몸 아래에 깔리고, 박사장은 냄새를 의식하며 코를 쥐고 열쇠를 집어올린다. 박사장의 변함없는 이 몸짓은 기택의 본능을 자극한다.

집은 가진 자와 못 가진 자, 못 가진 자와 더 못 가진 자, 축하를 위해 온 손님 등이 뒤엉켜 있는 하나의 세계다. 이 집에는 보이지 않는 구역이 있고, 각각의 구역은 선을 유지하면서 서로를 구별 짓는다. 하지만 아내의 죽음으로 이성을 잃은 근세가 선을 넘어 정원에 들어서는 순간 집의 선들은 흔들리기 시작한다. 박사장은 기정의 상처를 지혈하는 기택의 상황을 아랑곳하지 않고 자신의 권리만을 말한다. 무엇보다 근세에게서 흘러나오는 선을 넘는 냄새에 대한 불쾌함을 드러내면서 자신의 선을 강조한다. 그 모습이 기택을 자극한다. 지하실에서 나온 근세가 선의 경계를 허물었다면, 기택

의 행동은 선을 넘어 들어간다. 〈기생충〉의 내부와 외부, 지
상과 지하를 구별 짓는 선들이 무너지며 일어나는 낯선 두
려움의 혼란, 집의 질서가 해체되는 순간이다. 누군가는 선
을 넘는, 근세와 기택이 바통을 잇는 연대의 행동으로 볼 수
있을 것이고, 누군가는 억압되었던 기생충들이 일시적으로
숙주를 차지하기 위해 벌이는 몸부림으로 해석할 수도 있을
것이다. 중요한 것은 집이 고정되어 있지 않고 '홈리'와 '언홈
리'를 오가는, 진동하는 세계라는 사실이다.

2.

　　　뉴스를 통해 이 사건은 '묻지
마 살인'으로 정의되면서 운전기사 김씨(기택)의 묘연한 행
방과 함께 미해결 사건으로 남는다. 이 집의 맨 아래를 차
지하고 있는 지하실은 꿈적도 하지 않은 채 세상 밖으로 드
러나지 않는다. 그 덕분에 기택은 박사장을 살해한 후 근세
의 자리를 대신할 수 있었다. 지하실이 영속적으로 존재한
다는 사실은 진실이 쉽게 은폐되어버릴 뿐만 아니라 어두
운 현실이 계속될 수밖에 없음을 보여주기도 한다.
　이러한 은폐를 가능하게 만드는 조건은 한 사람이나 한

가족만으로 충분하지 않다. 충숙은 지하실에 사는 근세를 처음으로 발견하였을 때 경찰에 신고하겠다고 말하지만 끝내 실행에 옮기지 않는다. 이 상황을 몰래 지켜보고 있던 충숙의 가족이 계단에서 굴러떨어지면서 문광은 그들의 실체를 알게 되고, 사진을 찍어 사모님에게 전송하겠다고 협박한다. 그러나 미사일 버튼 운운하는 사진 메시지는 결코 발송되지 않는다. 문광은 그저 한가로운 시간에 기택의 가족들처럼 거실 소파를 차지하길 원할 뿐이다.

근세와 기택은 엇비슷한 삶을 살아온 인물들이다. 살인을 저지른 기택은 지하실로 숨어들어가 근세가 그랬던 것처럼 사는 법을 배우기 시작한다. 이곳이 편하다는 근세의 말대로 기택은 안전함과 편안함을 느낀다. 숨겨진 지하실은 빚쟁이와 형사들을 피해 안전하게 살아갈 수 있는 장소다. 이곳은 근세와 기택에게 어떠한 개인성이나 주체성도 요구하지 않는다. 생존을 위해 감내해야 하는 위험은 몰래 음식을 도둑질하러 지상으로 올라가는 순간뿐이다. 지하실은 두 가족의 공모로 보존되고, 오히려 사람들의 죽음을 겪고 강한 영속성을 유지하는 아이러니를 보여준다. 이러한 문제가 흥미롭게 전개되는 또 한 편의 영화가 〈마더〉다.

〈마더〉는 아들의 억울함을 풀기 위해 여고생 아정을 살해한 용의자를 추적하는 엄마의 탐정극이지만, 아들 도준이 지목한 용의자인 고물상 노인을 방문하면서 사태가 역전된다. 노인의 진술 장면은 확실히 눈길을 끈다. 살인 현장의 목격담은 주관적인 시점으로 서술되는데, 뿌연 유리를 통해 보이는 도준과 아정의 모습은 흐릿하고 부분적으로만 제시된다. 목격 장면의 불투명한 시각화와 달리 노인은 도준이 아정에게 돌을 던져 살해했다고 확신하며 말한다. 하지만 의문이 든다. 그는 자신이 본 바를 들려주지만 왜 그곳에 있었는지 설명하지는 않는다. "사건 장소 거기가 오래전부터 빈집인데 내가 그날 밤에 하필 거기 들어가 있었거든"이라고 말하며 엄마에게 차를 건네준 후 "사실 원래 내가 그 집에 가끔 가. 빈집이라 조용하기도 하고……"라고 이어서 말한다. 그런데 화면에 제시되는 노인의 모습은 말의 뉘앙스와 다르다. 빈집에 들어간 노인이 은박지 돗자리를 깔고, 비닐봉투에 쌀을 담는다. 관객들은 죽은 여고생 문아정의 별명이 쌀떡 소녀이고, 그것이 동네 남자들과 성관계를 한 대가로 쌀을 얻은 탓에 생긴 별명이라는 것을 알고있다. 노인의 목격담에 등장하는 일련의 행동은 아정을 기다리기 위한 필연이었음이 짐작된다. 노인은 아정의 핸드폰에 담긴 수많은 동네 남자들 가운데 하나였다. 하지만 도준의 살해 목격담을 진술하면서 아정을 만나려고 현장에 갔다는 사실을 의도적으로 삭제한다.

노인의 수상한 모습은 다른 장면에서도 등장한다. 감옥에서 잠들어 있던 도준은 그날 일을 떠올리는데, 한밤중에 도준은 아정의 뒤를 따라가고 있었다. 그런데 길을 따라 걷던 아정이 무엇인가를 본 듯 움직인다. 아정은 가던 길을 우회하여 골목으로 들어선다. 그사이 도준은 누군가를 본다. 바로 고물상 노인의 모습이다. 〈마더〉는 각종 진술과 반복되는 시각적 제시(옥상으로 올라가는 계단과 살인 사건이 일어난 골목)의 불일치를 통해 의혹의 그림자를 드리운다. 그것은 외양과 본질의 불일치를 탐구해온 히치콕의 세계를 봉준호 감독이 변두리 시골마을로 옮겨온 것이기도 하다. 이러한 설정은 샌타로자의 마을을 배경으로 한 히치콕의 〈의혹의 그림자〉(1943)나 맨덜리 저택을 배경으로 하는 〈레베카〉(1940)와 같은 히치콕의 중기작을 연상시킨다. 노인의 목격담이든 뉴스의 소식이든 그것이 담고 있는 것은 현상적인 사실일 수는 있어도 진실에 이르지 못하거나 진실과 반대될 때가 많다. 〈마더〉는 엇갈리는 아이러니의 연속이다. 혜자는 도준을 대신하여 종팔이라는 아이가 용의자가 되었다는 사실을 알고서도 끝내 침묵한다. 봉준호의 영화에서 가장 무서운 지점은 세상이 아는 것과는 다른 진실을 보여주는 동시에 진실이 묻히는 순간을 담담하게 보여줄 때다.

〈마더〉에는 다른 차원의 이야기도 있다. 마을의 살인사건에 새로운 관점을 제시하는 인물은 도준의 친구 진태다. 자신을 범인으로 몰고 간 엄마에게 돈을 요구하면서, 진태는 짐짓 탐정이 된 듯 자신의 의문을 늘어놓는다. 보통 살인은 금전, 치정, 원한 세 가지인데 도준은 여기에 해당되지 않는다면서 이야기 한다.

　"제일로 이상한 게 뭔지 알아? 옥상! 시체를 옥상에다 올려놨잖아. 그 죽은 애. 보통 죽이면 파묻잖아. 근데 이건 위로다 올려. 무슨 시체를 전시한 것도 아니고 말이야. 빨래 널듯이. 봐라 동네 사람들, 씨발년 이거 내가 죽여버렸다. 시체 잘 보이냐. 뭐 그런 거." 진태는 엄마에게 옥상을 주목하라며 "잘 봐. 시체가 거기 있으면 온동네에서 다 보여. 아무튼 이 동네 자체가 좀 이상해. 그러니까 엄마, 아무도 믿지 마. 다 필요 없고, 나도 믿지 마. 엄마가 직접 찾아 진짜 범인을"이라고 말한다. 진태의 의혹은 엄마의 행동에 동기부여가 되며, 이때부터 아들 도준을 위해 고군분투 뛰어다니던 엄마의 모성 드라마는 '마을 공동체'의 의혹을 추적하는 탐정극으로 장르를 확장한다. 진태의 말은 미묘하다. "이동네 자체가 좀 이상해"라는 말에 집중한다면 가해자가 행한 시체 전시는 마을의 공모와 음흉함에 대한 폭로로 볼 수 있다. 시체의 전시는 '이 더러운 새끼들아'라는 질타의 표현이 된다.

그리하여 〈마더〉는 단순히 아들의 혐의를 풀려 고군분투하는 엄마의 탐정극이 아니라 아정을 둘러싼 마을 남성들의 폭력, 공동체의 폭력을 다룬 영화로 확대된다. 이 과정에서 벌어진 엄마의 살인은 단순히 아들을 보호하려는 행동이 아니라, 여성이라는 이름으로 수많은 가해자 중 하나인 노인을 살해한 행동이다. 엄마가 봉사활동을 하며 고물상에 들어섰을 때 노인이 보인 '성적인 것에 대한 반응'과 이에 대해 농담하지 말라며 불편한 기색을 드러내는 엄마의 모습 속에서 마을에 만연해 있는 성적 폭력의 모습을 발견할 수 있다. 그러나 공동체를 향한 엄마의 응징은 끝내 완수되지 못한다. 그것은 폭력이 교환되는 과정 속에서 진실을 감추기 때문이다. 〈마더〉에 등장하는 죽은 여고생 아정, 엄마는 모두가 바깥으로 밀려나 있는 약자들이다. 도준은 물론이고 새로운 용의자가 된 종팔 역시 마찬가지다. 아정을 성적으로 착취했던 고물상 노인도 영화 속에 등장하는 경찰이나 변호사와는 달리 이 동네에서 소외된 자에 불과했다. 〈마더〉의 비극은 그들 사이에 일어난 폭력의 교환이었고, 그 절망감 속에 서로의 자리를 교체하면서, 도준보다 더 취약한 위치인 종팔이라는 인물에게 죄가 덧씌워지며 끝난다. 엄마와 아들은 서로의 비밀을 알면서도 숨긴 채(도준은 불에 탄 고물상에서 엄마의 침통을 발견한다) 모든 것을 무화시켜버린다. 설령 그들이 진실을 말한다고 해도 세상은 쉽게 받아들여주지 않았을 것이다. 바보라는 이유로, 어리숙하다는 이유로, 약자라는 이유로 진실을 말해도 받아들여지지 않는 예언자 카산드라가 된다.

3.

〈기생충〉에서 달라진 점이 있다면 박사장을 향해 칼날이 옮겨간다는 것이다. 〈마더〉의 불에 탄 고물상에서 발견된 엄마의 침통과 같이, 〈기생충〉의 지하실처럼 밑바닥에 살고 있는 사람들의 공모는 쉽게 밖으로 드러나지 않는다. 하지만 기택의 '칼'은 지하실에 살거나 지하실에 살 수밖에 없는 존재들의 새로운 가능성을, 폐쇄적인 계급의 순환을 끊고 올라오는 순간을 보여준다. 아내 문광의 죽음을 알리기 위해 머리로 지상 실내등의 조명 스위치를 눌러댔던 근세처럼, 누군가 보아주리라 기대하며 실내등으로 모스부호를 보냈던 기택처럼, 사회적 동물로서 인간의 기본적인 욕구인 소통의 의지는 〈기생충〉 곳곳에 강렬한 이미지로 남아 있다. 막내 다송이 인디언 텐트에서 받아적었듯 이 신호는 도와달라는 구조 요청을 담은 신호이기 때문이다.

'이미지의 정치학'이라는 부제를 달고 있는 『반딧불의 잔존』의 저자 디디위베르만은 파솔리니의 글을 독해하면서 "반딧불은 예술이고 이미지다"라고 말한다. 반딧불은 권력을 지니지 못한 자들이 만들어낸 이미지이고, 이에 반해 서치라이트는 권력을 쥔 자들이 만들어내는 이미지라고 설명한다. 화려한 도시의 조명이나 서치라이트와는 달리 반딧불은 겨우 존재하며, 좀처럼 보기 힘들고 "일시적으로 볼 수 있거나 읽을 수" 있을 따름이다. 오늘날 "반딧불이 소멸된 것은 '사나운' 서치라이트의 눈부신 광명 때문이다. 즉 감시탑, 정치인의 대중집회, 축구장, 텔레비전 세트 등이 가진 서치라이트 때문이다. 그리고 '서로를 겨냥하고 발사되는 이상한 폭탄들'은 단지 과도한 조명을 받는 신체들일 뿐이며, 그들의 욕망은 상투적이다. 그들은 시트콤의 충만한 빛 속에서 서로 대립한다. 그들은 차분하고 주저하며 순결한 반딧불, 이런 '과거에 대한 다소 비통한 기억'과는 매우 동떨어진 신체들이다"라고 반딧불의 반짝거림을 설명한다.

봉준호의 영화에는 수많은 서치라이트가 있다. 주로 미디어를 통해 전달되는 장면들인데, 〈플란다스의 개〉에서 노숙자를 보도하는 장면, 〈살인의 추억〉에서 터지는 카메라 플

래시, 기사와 뉴스들, 〈괴물〉의 기자회견과 병실의 환한 조
명들, 〈마더〉의 사건 현장 재연에 몰려든 플래시 세례들, 〈옥
자〉의 페스티벌이 보여주는 화려한 축포들과 도살장의 서치
라이트, 그리고 〈설국열차〉에 등장하는 앞칸 주민들의 향락
적인 조명이 있다. 하지만 이와 동시에 반딧불의 신호라 불
릴 만한 작고 희미한 잔존이 있다. 어둠을 밝히는 커티스의
성냥불, 〈괴물〉에서 남일이 잘못 던진 화염병과 남주가 날
린 불화살, 미자가 내민 황금 돼지, 〈흔들리는 도쿄〉의 방안
에 들어온 햇빛 등 반딧불은 도처에 있다. 〈마더〉의 홀로 춤
추는 모습 또한 반딧불의 형상이라 할 수 있는데, 디디위베
르만은 "반딧불의 춤, 곧 공포의 세계에 저항하는 이런 기품
어린 순간은 가장 덧없고 가장 미약한 것"이라고, 실질적인
불의 이미지가 아니라 반딧불이 하나의 형상임을 강조한다.
세상과 단절된 채 살아가야 하는 존재의 몸부림처럼 보이는
엄마의 춤은 충분히 반딧불의 잔존이라고 부를 만한 약한
존재의 형상이다. 조금은 더 강렬한 반딧불의 빛은 〈플란다
스의 개〉의 마지막 장면에 등장하는 자동차 사이드미러다.
스크린을 응시하면서 주인공 현남이 관객들에게 보내는 사
이드미러의 반사된 불빛은 정확하게 무엇이라고 정의내리기
는 어렵지만, 자신들의 존재를 알리고, 그들이 경험한 것을
관객에게 전하는 일종의 조난 신호라고 부를 만하다.

무엇보다 기택이 보낸 모스부호 편지야말로 반딧불의 불빛이라고 부를 만한 대표적인 사례다. 그는 빛을 통해 자신이 살아 있음을 알린다. 아들 기우가 어떻게 되었는지조차 모르는 상황에서 자신이 어떻게 살아왔고, 어떻게 살아가고 있는지를 알려준다.

4.

이제 부칠 수 없는 편지를 쓴 〈기생충〉의 마지막 장면을 다시 말할 때가 되었다. 책의 첫 장에서 편지의 진정한 수신자는 현실의 수신자가 아니라 대타자, 즉 관객이나 독자에 해당한다고 설명한 바 있다. 이 부분에 수긍한다고 해도 부칠 수 없는 편지에는 질문이 남는다. 기우는 어째서 관객을 향해 편지를 쓰고 있을까. 어째서 봉준호 감독은 부칠 수 없는 기우의 편지를 아버지를 향한 답장처럼 연출했을까.

이를 이해하려면 아버지의 편지를 다시 살펴보아야 한다. 아버지 기택이 보내는 편지는 자신의 처지와 함께 죽음의 기록으로 가득차 있다. 딸 기정의 죽음에 대한 애잔한 마음이 있고, 수목장으로 치른 문광의 죽음에 대한 상세한 내용이 있다. 그리고 아득해지는 지하실의 시간 속에서 가냘픈 자신의 생존을 이야기한다. 아버지의 편지가 죽음을 기록하고 있다는 사실은 이 영화가 단순한 가족 우화가 아니라 봉준호의 영화가 무엇을 반복해왔는지, 그의 영화가 닿고자 하는 본질이 무엇인지를 함축하고 있다.

봉준호의 영화에는 많은 죽음이 있다. 영화의 장르적 특성을 감안하더라도 작품마다 죽음과 주검이 널려 있다. 〈플란다스의 개〉에서는 개들이 죽고, 〈살인의 추억〉에서 부녀자들이 죽었으며, 〈괴물〉에서 사람들과 아이들이 죽고, 〈설국열차〉에서는 꼬리 칸의 사람들이 굶주림에 죽어나가고, 〈마더〉의 여고생이 죽고, 〈옥자〉의 돼지들이 도살되고, 〈기생충〉에서는 세상에 이름도 알려지지 않은 근세가 죽음을 맞이한다. 봉준호의 영화는 이들의 죽음을 한 번의 사건에 그치지 않고 영화 전체에 걸쳐 집요하고 반복적으로 다룬다. 〈마더〉의 여고생 아정의 죽음은 그날 밤의 사건만 해도 여러 차례 반복적으로 제시되며, 이 죽음이 지닌 의미들을 다양한 차원에서 반복하여 다루고 보여준다.

죽음을 기억하라는 뜻의 라틴어 '메멘토 모리'는 한국 사회에서도 특별한 사건에 따른 죽음이 일어날 때마다 인용되고는 하였다. 우리는 최근에도 죽음을 기억해야만 하는 수많은 사건을 목격했다. 하지만 현실의 강퍅함은 기억을 자주 방해하고 심지어 망각시킨다. 그것은 역사성의 문제다. 만일 2003년에 만들어진 〈살인의 추억〉이 없었다면 우리는 1980년대에 일어났던 이 사건을 기억할 수 있었을까. 진범 이춘재가 등장할 때 많은 사람이 이 상황에 즉각적으로 반응할 수 있었을까. 화성군 연쇄살인사건 이외에도 얼마나 많은 미해결 사건이 있었던가. 그중에 개인이 기억할 수 있는 사건들은 얼마나 되겠는가.

〈살인의 추억〉을 선보인 후 봉준호 감독은 죽음을 기억하고 기록하기 위한 영화적 이미지를 창조한다. 그것은 다수의 작품에서 엔딩을 이룬다. 〈괴물〉의 마지막 한강 장면은 죽은 현서의 자리를 대신하여 살아남은 세주와 강두의 대화를 통해 어제의 죽음을 떠올리게 한다. 한강의 어둠이 드리워진 가운데 매점 안의 환한 불빛은 반딧불의 불빛처럼 생존과 경계의 신호를 보내며 현서의 죽음을 기억한다. 〈옥자〉의 마지막에 등장하는 식사 장면은 이들의 단란한 한끼를 보여주면서 새로 들어온 슈퍼 돼지를 통해 어제 있었던 도살장의 어두운 불빛들을 떠올리게 한다. 〈설국열차〉의 눈에 반사되는 지상의 빛, 홀로 춤을 추는 〈마더〉의 엄마는 모두가 살아 있음을 드러내는 표식들이다. 여기에는 도준의 말처럼 걱정과 근심이 서려 있기도 하다. 감옥에서 나온 후 도준은 새삼스럽게 왜 아정의 시체가 옥상에 있었는지 생각해보았다면서 "내 생각에 잘 보이려고 그런 거 아 닐까. 얘 지금 피 질질 흘리고 있으니까 빨리 병원 데리고 가라고. 그래서 사람들 제일 잘 보이는 데 올려놓은 거지"라 고 말한다. 그러나 도준의 생각은 현실을 바꾸거나 기대감 을 일으키지 않는다.

종종 크기를 지향하는 이야기나 영화들은 마지막 장면 에서 하나의 지평을 구현하고자 한다. 사람들은 영화의 지 평을 통해 미래를 꿈꾼다. 영화의 지평은 미래를 약속하면 서 인간의 믿음에 호소하고, 그 믿음으로 영속적인 낙원(유 토피아)에 대한 생각을 풀어놓는다. 그것은 예정되어 있는 일방적 미래이며, 이러한 "지평은 언제나 자신의 미래를 기 다리고 있을 뿐이다".

하지만 봉준호의 영화는 거대한 메시지를 던지기보다는 거의 아무것도 아닌 순간에 집착한다. 일시적인 정지의 이 미지, 일시적인 평화의 이미지, 일시적인 기억의 불빛에 의 존한다. 이 이미지는 "거의 아무것도 아니다. 그것은 잔여 또는 균열"이며, "시간을 일시적으로 볼 수 있거나 읽을 수 있는 것으로 만"드는 것이다. 이 이미지는 "최소의 몸짓, 최 소의 문자, 최소의 얼굴, 최소의 미광 속에 감추어진 역량을 빈번히 감탄하며 발견"하도록 이끈다. 봉준호의 영화를 보 는 즐거움이 이러한 '최소'에 있다. 봉준호의 영화는 블록버

스터나 국제적인 프로젝트 규모로 이야기를 다룬다고 여겨
지지만 자세히 들여다보면 하나의 장소에서 벌어지는 작은
사건에 불과하다. 가장 큰 작품으로 여겨지는 〈괴물〉은 한
강과 한강의 다리들을 거의 벗어나지 않으며, 〈살인의 추억
〉의 대다수 장면들은 화성군에 한정되어 있다. 〈마더〉는 변
두리의 작은 마을을 중심으로 사건이 일어나고, 〈플란다스
의 개〉는 한때 봉준호 감독 자신이 살았던 아파트 단지를
무대로 삼는다. 〈기생충〉은 두 개의 집이 거의 무대의 전부
를 차지한다. 〈옥자〉만이 예외적으로 긴 동선을 다루는데,
몇몇 이동 장면을 제외하고 미자는 트럭의 컨테이너 박스나
비행기와 호텔 그리고 도살장과 같은 제한된 장소에 머문
다. 봉준호 감독은 제한된 공간 속 잔여 또는 균열을 통해,
이미지의 시간을 열어 보이고, 이미지의 잔존이 만들어내
는 효과에 집중한다.

〈기생충〉의 최종적 이미지는 희미한 지하실 불빛 아래
써내려간 기우의 짧은 답장이다. "아버지, 저는 오늘 계획
을 세웠습니다. 근본적인 계획입니다. 돈을 벌겠습니다. 아
주 많이. 대학, 취직, 결혼, 뭐 다 좋지만 일단 돈부터 벌겠
습니다. 돈을 벌면 이 집부터 사겠습니다. 이사 들어가는 날
에는 저는 엄마랑 정원에 있을게요. 햇살이 워낙 좋으니까
요. 아버지는 그냥 계단만 올라오시면 됩니다. 그날이 올 때

까지 건강하세요. 그럼 이만." 이것이 전부다. 기우의 편지를 요약하면 돈을 벌겠다는 것이고, 집을 사겠다는 것이고, 아버지를 구해내겠다는 것이다.

그것은 아버지의 생존 신호에 대한 호응이다. 아버지의 불빛을 기억하면서, 아버지를 서치라이트와 스포트라이트의 정원으로 이끌겠다는 소망이다. 하지만 기우가 집을 산다고 해도 아버지는 결코 정원에 머물지 못할 것이다. 관객들 또한 이 사실을 잘 알고 있다. 아들은 근본적인 계획이라는 이름 아래 백일몽처럼 미래를 향한 덧없는 행복을 계획한다.

우리는 봉준호의 많은 작품이 묵시록적 성격을 띠고 있음을 잘 알고 있다. 〈설국열차〉의 디스토피아적인 미래는 물론이고, 〈옥자〉나 〈괴물〉의 결말은 자본과 미디어 그리고 정치에 의해 세상이 암울해져가는 황혼기에 들어섰음을 보여준다. 연쇄살인범은 쉽게 잡히지 않으며, 지하세계는 영속적으로 어느 집에나 존재할 것이다. 그럼에도 불구하고 봉준호의 영화는 우리가 살아가는 장소에서 멀리 떨어진 묵시록이 아니다. 그가 사랑하는 장소는 수도 없이 걸어다녔던 한강과 다리들, 강남의 지하철 상가들과 도시 주변의 한적한 장소들, SF 영화의 상상 속에서 보았던 기차와 거대한 공장 그리고 괴물들이기 때문이다. 현실과 영화를 오고가면서, 봉준호의 영화는 그 틈새를 이어붙이거나 새롭게 조직한다. 관객들이 문득문득 보는 것은 그 틈 안에 살며 빛을 내고 있는 존재의 모습이다.

　가까운 미래를 담은 〈흔들리는 도쿄〉의 결정적 장면에서 주인공은 히키코모리가 되려는 여성을 만나기 위해 거리로 나선다. 오랫동안 밖으로 나가지 않은 탓에 너무나도 생경해진 도쿄의 거리는 로봇들이 배송을 하고, 자주 지진이 일어난다. 익숙한 장소를 낯설게 걸어가는 주인공은 창문 틈으로 비치는 그녀를 발견한다. 애초에 사랑의 감정을 느낀 것도 피자를 배달하러 온 그녀를 볼 때 느꼈던 한줄기 빛 때문이다. 그 자신도 히키코모리이지만 히키코모리가 되려는 여성을 막기 위해 집을 나와야 한다는 역설 속에서 세계는 흔들리고 사랑이 시작된다. 남자는 외친다. "지금 안 나오면, 평생 못 나와요." 그것은 이미지의 변증법이라고 부를 만한, 친숙함과 낯섦 사이를 오가는 묵시록적 사랑이자 구애하는 반딧불의 신호다. 하지만 두 사람은 쉽게 호응하지 않는다. 남자는 자신의 집으로 도망치는 여자의 팔을 잡는다. 그러고는 우연히 팔에 쓰인 'love'라는 버튼을 누른다. 이 우연적 몸짓과 그에 반응하는 클로즈업이 〈흔들리는 도쿄〉의 마지막을 채운다. "눌렀다"는 남자의 말에 자신의 팔을 본 후 여자가 말한다. "유레루(ゆれる, 흔들린다)."

봉준호 감독은 한 인터뷰에서 이 영화가 자신이 생각하는 도쿄의 이미지를 표현하였다고 언급한 바 있다. 친숙하지만 외롭고, 화려하지만 텅 비어 있는 거리와 사람들. 그들을 집밖으로 나오게 하려면 흔들어야 하고(지진이 일어나고), 그제야 사람들은 살기 위해 집을 뛰쳐나온다. 그것은 봉준호 영화를 대변하는 흔들리는 사람들의 이미지이다. 홈리와 언홈리를 오고가면서 봉준호는 사람들을 집밖으로 나서게 한다. 계획이라는 이름 아래 가족(집)을 옮길 계략을 꾸미고(〈기생충〉), 〈괴물〉의 강두는 매점(집)에서 나와 현서를 찾아다니고, 사람들이 꼬리 칸에서 나와 앞으로 전진하며(〈설국열차〉), 아들을 도우려 엄마는 범인을 찾으러 다니고(〈마더〉), 산골소녀 미자가 산을 넘고 물을 건너 도살장으로 찾아간다(〈옥자〉). 집을 나온 자만이 언젠가는 새로운 식구들과 함께 집으로 돌아갈 것이다.

흔들리는 집의 위기 속에 목적을 향하는 빛이 있고, 찾는 자의 클로즈업이 있으며, 허망하게 부서지는 이미지와 죽음이 있다. 봉준호의 영화는 그 모든 것을 무릅쓰고 흔들리는 이미지를 이어간다. 이미지의 불꽃놀이가 끝날 때 관객들은 〈흔들리는 도쿄〉의 마지막 대사처럼 비로소 말하게 될 것이다. "흔들린다." 그것이 봉준호의 영화가 도착하려는 최종 목적지다.

chapter 10 ———

———

작 품 리 스 트

백색인
White Man

—

출연 김뢰하, 안내상, 김대엽, 김상원,
이상엽

지극히 평범한 소시민인 W는 어느 날 출근길에 잘린 검지를 발견한다. 그는 잘린 손가락을 케이스에 넣고 다니며 전화번호를 누르거나 장난감처럼 만지작거린다. 데이비드 린치의 〈블루 벨벳〉(1986)을 연상시키는 시작은 중반 이후 현실 깊숙이 들어간다. W는 집으로 귀가하던 중 차량이 고장나는 바람에 견인을 요청하고, 자신의 봉천동 현대아파트가 보이는 달동네 길을 향해 걷는다. 봉천동 달동네 골목과 가난한 사람들이 카메라에 담긴다. 집으로 돌아온 W는 맥주를 마시고 잠이 든다. TV에서는 뉴스가 나오고, 작업중 손가락을 잃은 산업재해자가 회사 사장을 때려 전치 6주 사고를 냈다는 내용이 등장한다. 사건을 일으킨 장소는 봉천동 현대아파트다. 산업재해자는 봉천동 달동네 주민이었다. 차 수리중인 W는 다음날 출근길에 계단을 걸어서 봉천동 길을 내려간다. 그는 동네 개를

작품 리스트   267

보고 먹다 만 샌드위치를 던져준다. 잠시 후 다시 돌아와 개에게 자신이 주운 손가락을 던져준다.

영화의 제목 '백색인'은 'White Man'으로 화면에 등장한다. 이 단어는 백인이나 공평한 사람을 뜻한다. 그런데 대부분의 사이트에서는 〈백색인〉의 영문 제목을 'White Collar'로 소개한다. '화이트칼라'는 사무직 노동자나 중산층 계급을 뜻하는 말이다. 대사가 거의 없는 인물인 W는 아파트 고층에서 홀로 사는 남자이고, 그가 일하는 사무실은 영화사처럼 보인다(곳곳에 붙어 있는 포스터가 이를 짐작하게 한다. 단순히 쉬운 장소를 섭외한 결과일 수도 있다). '화이트칼라'가 감독의 의도에 맞을 수도 있어 보인다. 하지만 '화이트 맨'이라는 제목도 중의적인 차원에서 생각해볼 수 있다. 스스로를 평범하고 공평한 사람이라고 생각하지만, 손가락을 장난감으로 활용할 뿐 손가락의 주인에 대해서, 기원에 대해서 무심한 현대인이라는 의미에서.

이 영화에서 가장 인상적인 장면은 봉천동 골목을 누빌 때다. 다큐멘터리의 시선에 가까운 장면들로 주인공의 계급과 대비를 이루는 또다른 세상의 모습을 보여준다. 〈백색인〉은 중산층과 하층민의 삶이라는 봉준호 감독의 관심사를 고스란히 전달하는 영화다. W의 집에서 나오는 TV 광고도 눈에 띄는데 초반에 등장하는 오렌지주스 '쎄시봉', 후반부에 등장하는 '실론티' 광고는 시대상과 함께 TV를 통해 부추겨지는 사람들의 욕망을 단적으로 보여준다. 또한 봉준호가 즐겨 사용하는 프레임인 TV에 대한 관심이 초기 단편에서부터 줄기차게 이어져오고 있음을 확인할 수 있다. 봉준호 감독의 주요한 배우 중 한 명인 김뢰하가 주인공 W로 처음 함께한 작품이기도 하다.

지리멸렬

Incoherence

1994년, 대한민국, 30분

—

제작사 영화진흥공사·한국영화아카데미

—

출연 임상효, 윤일주, 신동환, 김선화, 김뢰하

〈지리멸렬〉은 '바퀴벌레' '골목 밖으로' '고통의 밤'이라는 세 가지 에피소드로 구성되어 있다. '바퀴벌레'의 주인공은 대학교수다. 그는 강의를 하던 도중 연구실에 두고 온 프린트물을 가져다달라고 말한다. 대학생 '김양'이 자리에서 일어선다. 그녀가 떠난 순간 교수는 연구실에서 읽다가 펼쳐놓고 온 포르노 잡지가 떠오른다. 교수는 있는 힘을 다해 뒤를 쫓아간다. 연구실의 문이 벌컥 열리고, 뒤따라 들어선 교수는 다른 책을 던져 포르노 잡지를 덮어버린다. "어머, 교수님 무슨 일이에요?"라는 물음에 그는 "아…… 바퀴…… 벌레가……"라고 답한다. 이 에피소드는 쫓는 자의 위선을 다룬다. 강단에서는 근엄해 보이지만 알고 보면 속물적인 인간성을 대비적으로 보여준다.

'골목 밖으로'는 신문 배달부의 추격전을 다루고 있다. 중년 사내가 조깅을 하던 중 한 집 앞에 멈춘다. 그는 배달된

우유를 마시고, 신문 배달을 하는 소년에게도 우유를 권한다. 그는 슬쩍 자리를 떠난다. 때마침 대문이 열리고, 집주인은 소년을 다그친다. "너구나? 매일 아침 없어진다 했더니." "야, 오늘부터 신문 넣지 마." 중년의 사내는 이를 지켜본 후 조깅을 이어간다. 하지만 골목길에서 배달원 소년과 마주치면서 기묘한 추격전이 벌어진다. 두번째 에피소드는 쫓기는 자의 불안함에 중심을 둔다. 중년 남자는 소년의 그림자만 보여도 몸을 숨긴다. 추격전이 끝나갈 무렵 우유를 훔쳐 먹던 집 앞에는 '신문 사절'이라는 종이가 붙는다.

세번째 에피소드인 '고통의 밤'은 화장실을 찾는 중년 사내를 보여준다. 술자리가 끝난 후 버스를 타고 가던 사내는 황급히 화장실을 찾아헤맨다. 간신히 아파트 단지 풀밭에서 자세를 잡지만 경비원에게 발각당한다. 경비원은 중년 사내를 질타한 후 아파트 지하실에 신문지를 깔고 볼일을 본 후 들고 나와 처리할 기회를 준다. 그런데 지하실에서 나온 취객은 밖으로 나와 빈 신문지를 찢어버린다. 장면이 바뀌면 카메라는 지하실에 놓인 밥솥을 비춘다. 엉뚱한 전개로의 마무리는 봉준호 특유의 아브젝시옹을 상상하게 만든다.

〈지리멸렬〉을 구성하는 세 가지 에피소드는 저마다의 추격전을 보여준다. 때로는 쫓는 자의 위치에서, 때로는 쫓기는 자의 불안에서 그리고 또다른 자리에서. 영화를 마무리하는 에필로그 장면에서 세 중년 남자가 토론 프로그램에 나와 앉아 있다. TV에서 격론이 벌어진다. 이를 지켜보는 세 명의 인물이 있다. 신문 배달을 하는 소년은 텔레비전을 켜둔 채 잠이 들었고, 프린트물을 가지러 갔던 여대생은 샤워를 한 후 무심히 텔레비전을 본다. 경비원은 켜져 있는 TV에 무관심하다. 그들의 토론은 오로지 TV 속에서만 벌어지는 현실이다. 그들과 마주했던 사람들은 저세상의 이야기를 듣는 것처럼 무심하다.

〈지리멸렬〉은 추격전, 이야기를 이끌어가는 세 가지 방식, TV 속 세상과 현실의 대비 등 봉준호 작품의 여러 가지 특징을 집약하고 있다. 이후의 장편영화들은 〈지리멸렬〉의 확장판이라고 해도 과언이 아니다.

플란다스의 개

Barking Dogs Never Bite

2000년, 대한민국, 106분

—

제작사 우노필름

—

배급사 시네마서비스

—

출연 이성재, 배두나, 김호정, 변희봉,
고수희

개 연쇄살해범과 이를 쫓는
아파트 관리소 직원의 이야기를 다룬다. 고윤주(이성재)는
교수가 되기를 희망하는 인물이다. 대학 선배와 통화를 하
던 중 개 짖는 소리에 예민해진 윤주는 시추 한 마리를 잡
아 지하실에 가둔다. 하지만 다른 개가 짖는 소리라는 사
실을 알게 되고, 숨겨둔 개를 찾아 지하실로 내려간다. 개
는 이미 사라진 후였다. 윤주는 낡은 옷장에 숨어 보신탕
을 끓여먹는 아파트 경비원을 훔쳐보고, 지하실에 사는 부
랑자와 마주친다.

한편, 아파트 관리 사무소에서 일하는 박현남(배두나)은
개를 찾는 아이를 도와주지만 끝내 개를 찾지 못한다. 옥상
에서 담배를 피우던 현남은 다른 동 아파트 옥상에서 개를
내던지는 장면을 목격하고 황급히 내려가 추격전을 벌인다.
범인을 따라잡기 직전에 현남은 현관문에 부딪혀 기절하고

만다. 가까스로 도망친 윤주는 아내가 사온 새로운 개 한 마리를 돌봐줘야 하는 신세가 된다. 윤주는 산책을 하다가 개를 잃어버리고, 아내로부터 온갖 구박을 들은 뒤 개를 찾아 나선다. 현남은 그의 정체를 모른 채 개를 찾는 데 도움을 준다. 현남은 아파트 옥상에서 개를 잡아먹으려고 하는 부랑자와 실랑이를 벌이고, 윤주의 개를 구출한다.

윤주는 아내가 퇴직금으로 마련한 돈을 학과장에게 전달하고 술을 마신다. 현남은 관리 사무실을 자주 비운다는 이유로 쫓겨나고 친구와 술을 마신다. 취한 두 사람은 아파트 단지 입구에서 다시 만난다. 윤주는 술기운에 자신이 개를 던진 범인이라는 사실을 고백하지만 현남은 그의 말을 알아듣지 못한다.

당시 흥행에 성공하지는 못했지만 이 작품에는 봉준호 감독의 관심사와 특징들이 집약되어 있다. 추격전, 이름의 의미, 오인받는 사람, 바뀌지 않는 현실 등. 무엇보다 아주 착한 사람도, 아주 악한 사람도 없는 이 세계는 잃어버린 개를 찾아 현실의 우화를 만들어낸다.

개인적으로 이 영화에서 가장 좋아하는 대목은 윤주가 아내와 내기를 벌이는 장면이다. 슈퍼에서 물건을 사고 나오던 부부 사이에 실랑이가 벌어진다. 아내는 밤마다 딸기우유를 먹는 강아지를 위해 천 원짜리를 남편에게 내민다. 윤주는 "니 멍멍이를 위해서 저길 다시 갔다 와라?"라면서 따지기 시작하고, 부부는 슈퍼까지의 거리가 백 미터인지 아닌지를 두고 내기를 벌인다. 윤주는 백 미터를 넘으면 강아지를 아버님 댁에 보내기로 하고, 아내는 백 미터가 되지 않으면 자신이 두 살 많으니 앞으로 누나라고 부르라고 내기를 건다. 처음에는 다리로 직접 재려고 하지만 그럴 거면 슈퍼에 갔다 오라고 하는 아내의 조롱에 윤주는 두루마리 휴지를 꺼내 굴린다. 백 미터짜리 두루마리 휴지의 길이가 내기의 척도가 되어 아스팔트 위를 굴러간다. 이 코믹한 장면이야말로 일상적인 순간의 관찰을 영화적 장면으로 풀어내는 봉준호 감독의 재기가 돋보이는 대목일 것이다.

살인의 추억

Memories of Murder

2003년, 대한민국, 132분

—

제작사 싸이더스

—

배급사 CJ엔터테인먼트

—

출연 송강호, 김상경, 김뢰하, 송재호, 변희봉

1986년 경기도 화성에서 한 여성의 시체가 발견된다. 얼마 지나지 않아 비슷한 사건이 이어지고, 형사 박두만(송강호)이 용의자를 추적하지만 제대로 된 조사와 검증은 이뤄지지 않는다. 서울에서 내려온 서태윤(김상경) 경장이 합동수사본부에 합류하고, 용의자 백광호(박노식)가 현장 검증에서 범행을 부인하며 경찰은 망신을 당한다. 이 일로 구희봉 반장(변희봉)이 파면되고, 후임으로 신동철 반장(송재호)이 부임한다. 서태윤은 비 오는 날 빨간 옷을 입은 여자가 범행 대상이라는 공통점을 지적한다. 그는 나오지 않은 시체가 하나 더 있다고 말하고, 숨겨진 시체를 발견하는 데 성공한다. 한발 빠르게 움직이라는 반장의 지시에 따라 비 오는 날 경찰들은 함정수사를 벌이지만 작전은 실패하고 다음날 또하나의 시체가 발견된다. 사건이 미궁으로 빠지는 가운데 동료 경찰은 라디오에 유재하의 〈우

울한 편지〉가 나올 때마다 사건이 일어났다는 것을 밝혀낸다. 라디오 방송국에 신청 엽서를 보낸 박현규(박해일)를 새로운 용의자로 지목하고, 유전자 감식을 위해 미국으로 자료를 보낸다. 서태윤은 그가 범인이라고 확신하지만 감식 결과는 범인의 유전자와 일치하지 않는다는 소견이었다. 2003년 경찰직을 그만두고 외판업을 하던 전직 형사 박두만은 17년 전의 사건 현장을 지나가다가 첫번째 시체가 발견된 곳을 들여다본다.

이 영화의 주된 스타일 중 하나는 클로즈업이다. 박두만 형사가 용의자들의 사진을 붙이는 장면을 포함하여 수많은 인물의 얼굴이 몽타주 되어 펼쳐진다. 봉준호 감독은 1980년대라는 시대상을 그려내기 위해 여러 인물의 표정을 퍼즐처럼 모아놓는다. 이 모음의 총합은 1986년도라는 과거를 그려내는 방법인 동시에 하나의 사건으로 모여들었던 형사와 여학생들, 우는 여자, 공장 사람들을 들여다보는 방식이 된다. 범인을 추적하는 스릴러의 형식을 띠었지만 시대 속의 얼굴들을 들여다보는 여러 방식으로 동시대를 살아가는 관객들의 마음을 흔들면서 하나의 사건을 잊히지 않는 영화의 기억으로 바꾸어놓는다.

디지털 삼인삼색 2004—
인플루엔자
Influenza

2004년, 대한민국, 28분
—
제작사 전주국제영화제
—
출연 윤제문, 고수희, 박진우, 오덕순

2004년 전주국제영화제 삼인삼색 프로젝트로 제작된 작품이다. 봉준호, 이시이 소고, 유릭와이 감독이 참여하였다. 세 작품을 묶은 제목은 〈거울에 비친 마음〉이다. 봉준호 감독의 〈인플루엔자〉는 첫번째 에피소드다. CCTV의 거친 화면 기법을 활용한 이 작품은 2001년에서부터 2004년까지 조씨의 행적을 화면으로 보여준다. 2001년 지하철에서 불법으로 물건 파는 일을 하는 조씨는 화장실에서 범행을 연습한다. 2003년에는 은행 현금 인출기에서 사람들의 돈을 가로채는 첫 경험을 한다. 2004년에는 단독 범행이 아니라 집단적으로 강도 행각을 벌이고, 현금인출기 앞에서 부녀자나 노인의 돈을 갈취한다. 은행털이를 계획하다가 행운의 손님이 되는 상황이 보여지는가 하면, 주차장에서 살인을 저지르는 악마 같은 인물로 변화하기도 한다.

조씨의 모습은 모두 CCTV를 통해 등장한다. 악마가 되어가는 주인공의 모습에 특별한 드라마가 있는 것이 아니라 점점 극악무도해지는 강렬함만 보여질 따름이다. 관객들은 이러한 변화를 무감하게 지켜보게 된다. 그것은 CCTV의 시선 때문이다. 지하철 승강장 보안 카메라 앞에서, 현금인출기에 설치된 CCTV 앞에서, 주차장에서 누군가를 지켜보는 시선은 감정 없이 상황만을 전달한다. 디지털 프로젝트였던 만큼 이 영화는 디지털이라는 물리적 특성을 의식하고 있으며, 인물, 카메라, 시선의 삼각 구도 속에서 폭력으로 채워지는 현실을 전달하는 데 주력한다.

이 작품의 진짜 주인공은 카메라다. 모든 것을 감시하지만 벌어지는 현실 앞에서 무기력한 CCTV의 화면은 사태를 지켜보기만 할 뿐 개입하지 않는 현대인의 시선을 대변한다. 또다른 봉준호 감독의 옴니버스 영화 〈흔들리는 도쿄〉가 인물에게 밀착되는 방식의 카메라를 선보였다면, 〈인플루엔자〉는 인물로부터 거리를 유지한 채 다가서지 않는다. 카메라의 무심한 태도가 섬뜩하게, 조씨의 칼날보다 날카롭게 시선 속으로 스며든다. 그 가운데 현실의 무심함과 무기력함이 폭력의 형태로 전파된다.

디지털 단편
옴니버스 프로젝트 이공異共 —

싱크 & 라이즈
Sink & Rise

2004년, 대한민국, 6분
—
제작사 프로젝트그룹
—
출연 변희봉, 윤제문, 정인선

한강 매점에서 재문과 인선이 군것질거리를 고른다. 두 사람은 아버지와 딸 사이다. 이런 저런 과자를 고르는 인선 앞에서 재문은 인스턴트 과자 운운하며 하나같이 별로라고 말한다. 심통이 난 딸은 아빠에게 고르라고 한다. 재문은 삶은 계란이야말로 진짜라고 말한다. 이어서 재문은 뜬금없이 삶은 계란이 물에 뜬다는 이야기를 하고, 부녀를 지켜보던 매점 주인 희봉은 삶은 계란이 뜬다는 소리는 처음이라고 의아해한다. 희봉과 재문 사이에 격론이 벌어지고, 급기야 두 사람은 삶은 계란이 물에 뜰지를 놓고 내기를 벌인다.

이 단편은 한국영화아카데미 출신의 감독들이 모여 스무 개의 에피소드를 선보였던 〈디지털 단편 옴니버스 프로젝트 이공〉 중 하나로 제작된 작품이다. 봉준호 감독은 〈괴물〉의 배경이 되는 한강 매점을 무대로 삼는다. 또한 물에 던진 삶

봉준호의 영화 언어 _ chapter 10

은 달걀의 모습을 통해 괴물의 움직임을 연상시키는 장면을 연출한다. 〈괴물〉에서 주인공 강두가 배달하던 맥주 캔을 한 강에 던지는 장면이 단편에서 먼저 시도된 셈이다.

하지만 시각적 구현보다 더 인상적인 것은 말이 지배하는 봉준호 영화의 특징이다. 삶은 계란이 가라앉을지 뜰지를 두고 벌이는 두 남자의 실랑이는 〈살인의 추억〉에서 두 형사의 다툼을, 〈플란다스의 개〉의 지하 경비실에서 '보일러 김씨'를 두고 입담을 펼치는 장면을 연상시킨다. 봉준호 영화에 등장하는 엉뚱한 논쟁이나 말들은 사건과는 거리를 둔 것 같지만 어느새 진짜 현실이 되어 관객을 잠식해간다. 이 작품에서도 마찬가지다. 물속에 가라앉았던 삶은 계란이 일으키는 마지막 반전은 노숙자 모녀의 희망을 대변하면서 봉준호 영화의 성격을 보여준다. 코미디 장르의 아이러니와 허구와 현실을 넘나드는 결말이 6분 동안 흥미롭게 펼쳐진다.

괴물

The Host

2006년, 대한민국, 119분

—

제작사 영화사청어람

—

배급사 쇼박스

—

출연 송강호, 변희봉, 박해일, 배두나, 고아성

한강 둔치 매점에서 아버지(변희봉)의 일을 돕고 있는 강두(송강호)는 괴물의 등장을 목격한다. 다리에 매달려 있던 괴물은 한강 둔치로 올라와 사람들을 공격하기 시작한다. 한강공원은 삽시간에 아수라장이 되어버린다. 강두는 반격을 시도하지만 날뛰는 괴물에게는 역부족이다. 급기야 도망을 치기 시작한 강두는 때마침 매점 밖으로 나온 현서(고아성)를 데리고 달아나다 넘어진다. 괴물은 현서를 낚아챈 후 한강으로 뛰어든다. 한강공원은 통제구역이 되고, 피해자 가족들을 수용한 강당에 강두의 가족들이 모여 있다. 잠시 후 강두의 가족은 기관에서 나온 관계자들에 의해 병원으로 실려간다. 정밀 검사를 앞둔 강두는 밤중에 골뱅이를 훔쳐먹다가 한 통의 전화를 받는다. 그것은 현서로부터 걸려온 것이었다. 강두와 가족들은 현서가 살아있다고 알리지만 관계자들은 가족들의 말을 믿지 않는다. 강

두의 가족은 병실을 탈출하여 한강으로 잠입하는 데 성공한다. 매점에 모인 식구들은 괴물을 향해 총을 쏘며 추격전을 벌인다. 이 과정에서 강두의 아버지가 죽음을 맞이한다. 출동한 군인과 경찰에게 강두는 다시 체포되고, 정부는 첨단 화학무기 에이전트 옐로우의 투입을 예고한다.

한편 달아난 삼촌 남일(박해일)은 휴대전화를 추적을 통해 원효대교 북단에 현서가 있음을 확인하고, 한강에 몰래 숨어 있던 고모 남주(배두나)는 현서의 위치가 적힌 문자를 받는다. 병실에서 남주의 전화를 받은 강두는 또다시 탈출을 시도하여 원효대교로 달려간다. 그곳에는 에이전트 옐로우에 반대하는 사람들이 시위를 벌이고 있었고, 강두의 가족은 괴물을 쫓아가며 추격전을 벌인다. 괴물을 향해 에이전트 옐로우가 살포되고, 강두는 괴물의 입속에서 현서와 남자아이 세주를 구해낸다. 현서는 이미 숨을 거둔 뒤였다.

남일은 괴물을 향해 화염병을 투척한다. 휘발유가 뿌려진 괴물한테 마지막 화염병을 던지려는 순간 남일은 헛손질을 한다. 이를 본 남주가 자신의 활로 불화살을 날린다. 강두는 파이프를 들고 타오르는 괴물에게 최후의 돌진을 한다. 시간이 흘러 매점에는 강두와 살아남은 아이 세주가 함께 있다. 봉준호 감독의 영화 중 처음으로 천만 관객을 돌파한 작품일 뿐만 아니라 한국 영화에 특수효과 붐을 일으키는 데 큰 역할을 했다. 봉준호 감독의 영화 중 처음으로 칸영화제에 진출하는 등 국내뿐만 아니라 국제적으로도 새롭게 주목받는 계기가 된 작품이다.

도쿄!—
흔들리는 도쿄
Shaking Tokyo

2007년, 프랑스·대한민국·독일·일본, 30분
—
제작사 Comme des Cinémas, Bitters End, 스폰지
—
배급사 싸이더스FNH
—
출연 카가와 테루유키, 아오이 유우

2007년에 다국적으로 제작된 옴니버스 영화 〈도쿄!〉 중 봉준호 감독은 세번째 에피소드인 〈흔들리는 도쿄〉를 연출한다. 주인공은 두루마리 휴지심으로 손바닥에 동그라미를 찍은 후 얼마 후 동그라미가 사라질까를 헤아리며 시간을 보내는 히키코모리다. 그는 11년째 집밖에 나오지 않는다. 그는 사람들과 시선이 닿는 것, 무엇보다 햇빛이 피부에 닿는 것을 싫어한다. 하지만 햇빛을 보는 것은 좋아한다. 그러던 어느 날 가터벨트를 한 피자 배달원 소녀를 보고는 자신도 모르게 고개를 들어 눈을 마주친다. 그 순간 지진이 일어나고 소녀가 쓰러져버린다. 어쩔 줄 몰라 하던 남자는 소녀의 몸에 있는 버튼을 누른다. 소녀가 깨어난다.

피자 배달부가 떠난 후 남자는 이틀 동안 충격에 빠진다. 다시 피자를 주문해보지만 배달을 온 사람은 피자집 사장이었다. 남자는 어렵사리 소녀의 집주소를 물어본다. 사장은 그녀가 히키코모리가 되려 한다고 말한다. 남자는 히키코모리가 된 여자를 찾기 위해서는 히키코모리인 자신이 밖으로 나가는 방법밖에 없다는 것을 받아들인다. 이병우의 기타 음악과 함께 펼쳐지는 도쿄의 거리는 세기말적 풍경이다. 피자를 배달하는 로봇이 다니긴 하지만 사람들은 거의 보이지 않는다. 모두가 히키코모리가 된 도시는 도쿄를 '외로움'으로 바라본 봉준호 감독의 생각을 보여주고 있다. 남자가 집안에 있는 소녀를 발견한다. 그는 제발 나오라고 소리친다. 하지만 소녀는 창문을 닫아버린다. 그 순간 다시 지진이 일어난다. 놀란 사람들이 집밖으로 뛰어나온다. 잠시 후 진동이 멈추고 사람들은 언제 그랬냐는 듯 집으로 돌아간다. 소녀 역시 집으로 들어가려고 한다. 남자가 소녀를 만류하며 붙잡는다. 그는 소녀의 팔을 붙잡고, 팔에 새겨진 'LOVE'를 누른다. 그 순간 남자와 여자의 사랑이 시작되고, 소녀는 "흔들린다"고 말한다.

〈흔들리는 도쿄〉는 사랑의 감정을 직접적으로 다룬다는 점에서 봉준호의 영화 중 가장 낯선 작품일 수 있다. 두 명의 인물과 하나의 감정을 강력하게 따라가면서, 히키코모리 남자가 여자를 찾기 위한 추격전을 벌인다. 그들의 운명적인 마주침은 지진으로 표현되며, 지진은 불안한 현실과 사회의 징표이기도 하지만 두 사람에게는 사랑의 징표가 된다. 사랑이라는 익숙한 감정을 기이한 정서로 이끌어내면서 두 사람을 위한 하나의 감정을 보여준다.

마더

Mother

2009년, 대한민국, 128분
—
제작사 바른손
—
배급사 CJ엔터테인먼트
—
출연 김혜자, 원빈, 진구, 윤제문, 전미선

읍내 약재상에서 일하는 엄마(김혜자)는 지적장애인 아들 도준(원빈)과 산다. 도준은 친구 진태(진구)와 어울리며 종종 사고를 친다. 그러던 중 마을에 사는 소녀 아정이 살해당하는 사건이 일어나고, 경찰은 현장에서 발견된 도준의 이름이 적힌 골프공을 증거 삼아 도준을 범인으로 단정짓는다. 엄마는 무죄를 입증하기 위해 백방으로 뛰어다닌다. 아정의 장례식장을 찾는가 하면, 진태의 집에 몰래 숨어들어가 수상한 증거를 찾는다.

노력이 수포로 돌아갈 무렵, 진태의 도움으로 엄마는 쌀떡 소녀라 불리던 아정의 주변을 파악하기 시작한다. 아정의 숨겨진 휴대전화 속에는 여러 남성의 사진이 들어 있었고, 그중 하나가 길에서 마주친 고물상 노인이었다. 엄마는 침통을 들고 봉사활동을 왔다며 고물상을 방문한다. 그런데 놀랍게도 엄마는 범인이라고 생각한 노인으로부터 진짜 범인이 도준이라는 목격담을 듣는다. 엄마는 경찰서에 전화를 하려는 노인을 살해하고, 고물상을 불태워버린다. 며칠 후 마을의 형사가 엄마를 찾아와 진범이 잡혔다는 소식을 전해준다. 엄마는 만류에도 불구하고 진범을 면회하러 간다. 경찰이 진범이라 잡은 아이는 도준처럼 장애를 가진 아이였다. 엄마는 그를 보며 '너는 엄마가 없'냐고 묻는다.

〈마더〉는 엄마 없는 소녀 아정의 죽음으로 시작하여 엄마 없는 아이가 엉뚱한 범인으로 결론지어지는 이야기다. 엄마가 있는 도준은 진짜 살인범이었지만, 엄마의 살인과 방화를 통해 잿더미 속에 진실을 묻어버린다. 이러한 역설이 〈마더〉를 지배한다. 엄마의 신화를 따라가면서 엄마의 신화를 무너뜨리고, 모자간의 사랑을 보여주면서 그들 사이의 공포를 드러낸다.

다섯 살 때 엄마가 자신을 죽이려 했던 것을 기억하는 아들의 말을 듣고 소스라치게 놀라는 장면이나, 영화의 끝에 이르러 마을 사람들과 함께 버스를 타고 관광을 떠나는 날 엄마에게 고물상에서 주운 침통을 건네주면서 조심하라고 말하는 아들의 모습은 모자 관계 속에 담긴 범죄를 건드린다. 엄마와 아들, 부모와 자식의 관계가 일종의 공모에 의한 것이라는 결론은 한국 영화사에서 가장 모험적인 시도라고 할 수 있다. 그것은 한국 사회에 뿌리 깊게 박혀 있는 가족과 혈연이라는 무의식을 건드린다.

설국열차
Snowpiercer

2013년, 대한민국, 125분
—
제작사 모호필름, 오퍼스픽처스
—
배급사 CJ엔터테인먼트
—
출연 크리스 에반스, 송강호, 에드 해리스, 고아성, 존 허트, 틸다 스윈튼

지구온난화가 심각해지면서 79개국의 정상들은 'CW-7'의 살포를 결정한다. 그러나 냉각제인 CW-7의 부작용으로 빙하기가 시작되고, 월포드(에드 해리스)가 제작한 열차가 유일한 생존 수단이 된다. 무임승차한 인원들은 꼬리 칸이라 불리는 기차의 마지막 칸에서 살아간다. 이들은 무장한 군인들로부터 '단백질 블록'을 배급받으며 연명한다. 영화는 빙하기가 시작된 후 17년이 지난 세계를 그리고 있다.

군인들이 꼬리 칸에서 타냐(옥타비아 스펜서)의 아들 티미와 앤드류(유언 브렘너)의 아들 앤디를 강제로 데려가고, 반항하는 앤드류의 팔을 냉동시킨 후 부수어버린다. 커티스(크리스 에반스)는 이 상황을 지켜보면서 반란을 준비한다. 에드거(제이미 벨)는 군인들에게 총알이 없다는 것을 알아채고, 성난 꼬리 칸의 사람들은 감옥 칸까지 진격하는 데

성공한다. 커티스는 기차의 설계자 남궁민수(송강호)를 찾아내고 그의 딸 요나(고아성)와 함께 기차의 문을 열어줄 것을 요구한다. 두 사람은 마약성 화학물질인 크로놀을 제공받는 조건으로 혁명의 대열에 합류한다. 단백질 블록을 생산하는 공장을 지나 진압군이 있는 곳까지 나아간 커티스 일행은 긴 어둠의 터널을 지나며 위기를 맞이한다. 어둠 속을 볼 수 있는 특수 장비를 한 진압군을 감당할 수 없었던 것이다. 하지만 커티스의 외침에 따라 꼬리 칸에서 가져온 횃불을 앞세워 일제히 반격을 시도한다. 커티스는 2인자 메이슨(틸다 스윈튼) 총리를 포로로 잡는 데 성공한다.

하지만 이 싸움에서는 커티스를 따르던 에드거를 포함하여 많은 이가 죽는다. 꼬리 칸의 정신적 지도자인 길리엄(존 허트)은 여기까지 온 것은 누구도 못한 일이라며 돌아가자고 말한다. 그러나 커티스는 전진을 재촉한다. 아쿠아리움과 교실 칸을 지나 경비대장 프랑코와 대결이 이어지면서 커티스는 기차의 다양한 모습을 경험한다. 상류층이 사는 수영장, 게임장, 마약 파티장 등 기차의 새로운 칸을 지나가며 놀라운 광경을 목격한다. 앞칸까지 도착한 커티스는 윌포드의 저녁 초대로 엔진실 안으로 들어간다.

윌포드는 커티스에게 길리엄과 자신은 오랜 친구 사이라면서 서로가 연락을 취해 기차를 조정해왔다고 비밀을 밝힌

다. 꼬리 칸에 전달된 붉은 쪽지도 윌포드가 보냈던 것이었
다. 윌포드는 'Train'이라고 적힌 쪽지를 커티스에게 건네면
서 이제 자신의 자리를 대신해달라고 요청한다. 커티스는 윌
포드의 말에 설득당한다. 폭탄을 터트리기 위해 성냥을 얻
으러 온 요나를 제지하면서 윌포드의 편에 선다. 그때 요나
는 기차 바닥을 뜯으려고 한다. 요나에게는 벽 너머의 세계
를 내다보는 능력이 있다. 놀랍게도 기차의 바닥 안에는 꼬
리 칸에서 납치된 아이들이 일하고 있었다. 윌포드는 기차
의 고장난 부품을 대체하려면 다섯 살 이하의 작은 아이들
이 필요하다고 말한다. 현실을 깨달은 커티스가 윌포드에게
주먹을 날리고, 요나에게 성냥을 건넨다. 크로놀 폭탄이 터
지고, 전복된 기차에서 요나와 꼬리 칸의 아이 티미가 살아
남는다. 그들은 모피 코트를 걸치고 설원을 걷기 시작한다.

　영화 〈설국열차〉는 프랑스 원작 이상으로 복잡한 이야기
다. 세상의 균형에 대한 철학을 바탕으로 아이들이 살아남
는 결론을 통해 질서, 혁명, 미래의 이야기를 다루고 있다.
이 매력적인 이야기는 미국의 방송사 TNT에서 TV용 드라
마로 각색하였고, 제니퍼 코넬리 등이 주연을 맡았다.

옥자

Okja

—

제작사 Plan B Entertainment, Lewis Pictures, Kate Street Picture Company

—

배급사 NEW

—

출연 틸다 스윈튼, 안서현, 제이크 질렌할, 릴리 콜린스, 폴 다노

2007년, 미란도 기업의 CEO인 루시 미란도(틸다 스윈튼)는 칠레 농장에서 발견한 돌연변이 슈퍼 돼지를 미국의 목장으로 데려와 26마리의 새끼를 교배하였다고 발표한다. 새끼 돼지들은 26개국의 우수한 26명의 축산 농민들에게 보내지고, 10년 후 슈퍼 돼지 콘테스트를 여는 프로젝트를 발표한다. 강원도 산골 소녀 미자(안서현)는 슈퍼 돼지를 분양받은 주희봉(변희봉)의 손녀다. 때가 되어 미란도 코퍼레이션의 직원 박문도(윤제문)와 조니 박사(제이크 질렌할) 일행이 미자의 집을 찾아온다. 조니 박사는 슈퍼 돼지들 중 가장 훌륭하게 성장한 옥자를 보며 기뻐하고 콘테스트의 우승자로 선정한다. 그런데 우승한 옥자를 데려간다는 사실을 몰랐던 미자는 이 사실을 알고 놀라서 옥자를 찾기 위한 모험을 시작한다.

미란도 코퍼레이션의 서울 사무실에 도착한 미자는 몸을

던져 유리문을 부순다. 하지만 옥자는 트럭에 실리는 중이었다. 간신히 트럭 위에 올라탄 미자는 옥자와 함께 탈출하여 강남의 지하상가로 도망친다. 그 뒤를 문도 일행과 복면을 쓴 무리가 따라간다. 이 과정에서 미자는 자신을 도우러 왔다는 복면 쓴 사람들을 따라 빠져나간다. '동물해방전선 Animal Liberation Front'이라고 자신을 소개한 사람들은 옥자가 자연 돌연변이가 아니라 실험실에서 만든 유전자 조작 실험체라는 사실을 알려준다. 그들은 미란도의 악행을 폭로하는 데 옥자를 이용할 계획을 세운다. 하지만 통역을 하는 케이(스티븐 연)의 거짓말로 미자는 제대로 정황을 파악하지 못한 채 그들의 계획을 따르게 된다. 동물해방전선 사람들은 달아나고, 미자와 옥자는 경찰들에게 잡혀간다. 옥자는 미국으로 보내지지만 미자의 탈출 영상이 전 세계에 알려지면서 미란도 기업의 주식이 폭락한다. 회사의 중역 프랭크는 루시에게 미자를 콘테스트에 초대하여 기업 이미지를 회복하라고 제안한다.

한편, 동물해방전선은 옥자에게 달아둔 영상 장치로 비좁은 우리에 갇혀 있는 슈퍼 돼지들과, 조니 박사가 옥자에게 행하는 폭력적인 실험을 지켜보게 된다. 그들은 충격에 빠진다. 슈퍼 돼지 콘테스트 당일 동물해방전선의 리더 제이(폴 다노)가 나타나 미자에게 사과를 한다. 미자는 무대

위에서 옥자를 만난다. 하지만 실험실에서 있었던 사건으로 난폭해진 옥자 때문에 구출 작전은 제대로 이뤄지지 않는다. 루시 미란도의 언니 낸시 미란도는 상황을 지켜보던 중 사설 보안업체 블랙 초크를 투입시킨다. 옥자는 블랙 초크에게 붙잡히고, 미자와 제이만이 케이의 도움으로 간신히 탈출한다. 이들은 도살장으로 향한다. 미자는 옥자가 도살되는 순간을 저지하며 새로운 CEO 낸시 미란도에게 황금 돼지를 건넨 후 극적으로 협상에 성공한다. 옥자와 강원도 산골로 돌아온 미자는 도살장에서 몰래 구해 온 새끼 돼지와 함께 새로운 가족을 꾸린다. 봉준호의 영화 중 처음으로 '소녀'를 주인공으로 앞세운 영화이자 만화적 상상력이 돋보이는 작품이다.

기생충
Parasite

2019년, 대한민국, 132분

—

제작사 바른손이앤에이

—

배급사 CJ엔터테인먼트

—

출연 송강호, 이선균, 조여정, 최우식, 박소담

공짜 와이파이를 찾아다니고 피자 박스를 접은 돈으로 파티를 여는 기택(송강호)의 가족은 반지하에서 희망 없는 삶을 살아간다. 하루는 기우(최우식)의 친구 민혁(박서준)이 산수경석을 선물로 들고 찾아온다. 민혁은 기우에게 자신이 외국 유학을 다녀올 동안 다혜(정지소)의 영어 과외를 맡아달라고 부탁한다. 기우는 '위조' 증명서를 들고 박사장(이선균)의 집을 찾아간다. 성공적인 대면식을 치른 기우는 막내를 걱정하는 안주인 연교(조여정)에게 다송의 미술 선생님으로 동생을 소개한다. 여동생 기정(박소담)이 미술 교사로 채용되고, 계획에 따라 아버지 기택은 운전기사로, 어머니 충숙(장혜진)은 새로운 가정부로 들어간다.

막내 다송의 생일을 맞이하여 박사장의 가족은 캠핑을 하러 떠난다. 이 기회를 틈타 기택의 가족은 마치 자신들의

집인 것처럼 음식과 술을 탕진한다. 그런데 늦은 저녁 수상한 초인종이 울리고 쫓겨난 가정부 문광(이정은)이 문을 열어달라고 애원한다. 그는 지하실로 내려가 남편 근세(박명훈)를 충숙에게 소개한다. 놀란 충숙은 신고하겠다고 위협하지만 이를 엿듣던 기택의 가족이 계단으로 굴러떨어지면서 가족의 정체가 들통나버린다. 문광과 근세 부부는 기택가족의 모습을 영상으로 찍은 후 박사장의 아내 연교에게 보내겠다고 위협한다. 졸지에 몰리는 신세가 된 기택의 가족은 기회를 엿보다 두 사람을 제압하고 휴대전화를 빼앗는 데 성공한다. 충숙은 갑작스러운 폭우로 캠핑장이 엉망이 되어 집으로 돌아가는 중이라는 연교의 전화를 받는다. 기택은 문광 부부를 지하실에 가두고, 기우는 다혜의 침대밑에, 기정은 거실의 테이블 밑에 숨는다. 기택의 가족은 박사장 가족이 잠든 틈을 타 간신히 저택에서 탈출한다.

다음날 연교는 다송의 생일 파티를 정원에서 열기로 계획하고, 기택의 가족들에게 준비를 도와달라고 요청한다. 연교는 막내를 위해 인디언 게임을 제안한다. 한편, 가방에 돌을 들고 온 기우는 몰래 지하실로 내려간다. 아내 문광의 죽음으로 복수심에 불타는 근세는 기우에게 돌진하여 돌로 머리를 내리찍고, 칼을 들고 정원으로 나간다. 근세는 충숙을 찾지만 엉뚱하게도 케이크를 들고 있던 기정을 향해 칼을 꽂아버린다. 충숙은 요리용 도끼를 들고 반격한다. 한편 상황을 지켜보던 기택은 박사장이 근세의 몸에 깔린 자동차 열쇠를 주우려다 냄새를 맡고 얼굴을 찌푸리는 모습을 보고 박사장에게 칼을 들고 돌진한다.

세간을 떠들썩하게 한 사건이 조용해질 무렵 기우는 박사장의 집이 보이는 뒷동산을 찾아간다. 한밤중에 거실의 등이 깜박거리며 아버지가 보낸 모스부호 편지를 받게 된 기우는 자신의 미래 계획이 담긴 답장을 쓴다. 하지만 영화의 마지막은 편지 작성을 마친 기우가 반지하의 어둠 속에 홀로 있는 모습이다. 2019년 칸영화제 황금종려상을 수상한 이 작품은 다양한 해석을 낳으며 국내뿐만 아니라 해외에서도 각광받는 봉준호의 영화가 되었고, 2020년 아카데미에서 작품상, 감독상, 각본상과 국제장편영화상을 수상한다. 이 작품은 HBO의 드라마로 각색될 예정이다. 드라마에서는 사모님 연교와 다혜의 영어 선생이었던 민혁의 사연 등 보다 풍성한 인물관계가 다뤄진다.

chapter 11

참 고 문 헌

chapter 1. 짧은 연대기

'짧은 연대기'는 크게 세 글을 참조하여 정리하였다. 17인의 한국 영화감독이 쓴 『데뷔의 순간』(푸른숲, 2014)에서는 데뷔하는 과정에 대한 내용들을 상세히 참조하였고, 전반적인 과정에 대한 이야기는 한국영화아카데미 출신의 감독들이 대담을 나눈 『영화 같은 시간』(이음, 2013)에서 가져왔다. 끝으로, 봉준호 감독 특별판으로 출간되었던 『맥스무비 매거진』 42호 '봉준호 편'을 참조하였다.

chapter 2. 부치지 않은 편지

이 책에서 주로 인용된 것은 슬라보예 지젝이 쓴 『HOW TO READ 라캉』(박정수 옮김, 웅진지식하우스, 2007, 21~23쪽)이다. 본문에서 인용된 자넷 말콤의 「침묵하는 여성」은 지젝이 인용한 부분을 다시 가져왔으며, 대타자에 대한 정의 또한 이 책에 쓰여진 지젝의 논조를 기본으로 정리하였다. 하지만 필자가 쓴 책이나 강연시 언급하는 대타자의 예시들을 활용하였다.

chapter 3. 추격하는 세계

봉준호의 버스 비유는 주간지 『씨네21』의 코너로 쓰인 김영진 평론가의 '신 전영객잔' 중 「품었던 생각을 끊어버리다」에서 가져온 것이다(http://www.cine21.com/news/view/?mag_id=74330). 2019년 BAFTA의 봉준호 감독 강연은 인터넷 사이트(http://www.bafta.org/media-centre/transcripts/screenwriters-lecture-series-2019-bong-joon-ho)에서 확인할 수 있다. 여러 블로거가 번역해서 올려두었는데, 필자가 참조한 것은 영화 사이트 익스트림 무비에 올라온 이용자 '유노스'의 것이다. 존 포드의 〈수색자〉에 대한 내용과 언급은 필자가 쓴 『씨네상떼』(공저, 민음사, 2015)에서 가져온 것이다. 니체를 인용한 것은 『선악의 저편·도덕의 계보』(김정현 옮김, 책세상, 2002)에서 참고하였다. 니체 전집 14에 해당하며 『선악의 저편』 제4장 146번 글이다.

chapter 4. 괴물의 시학

봉준호 감독의 괴물 장르에 대한 언급은 위와 마찬가지로

BAFTA 강연에서 가져온 것이다. 히치콕의 말은 원제는 '히치콕'이지만 국내에서는 『히치콕과의 대화』(프랑수아 트뤼포, 곽한주·이채훈 옮김, 한나래, 1994)에서 가져왔다. 한나 아렌트의 내용은 『예루살렘의 아이히만』(김선욱 옮김, 한길사, 2006)에서 가져왔다.

chapter 5. 보는 것의 변증법

〈괴물〉에서 자살하려는 남자가 다리 아래를 내려다보는 장면은 허문영 평론가의 『끝까지 둔해빠진 새끼들은 누구인가? 〈괴물〉』에서 큰 도움을 얻었다(http://www.cine21.com/news/view/?mag_id=40796). '본다'는 프랑스어의 파생적 효과는 국역본으로 나온 마틴 제이의 『눈의 폄하: 20세기 프랑스 철학의 시각과 반시각』(전영백 외 6명 옮김, 서광사, 2019)의 페이지 곳곳에서 확인할 수 있다. 특히 2장 「계몽의 변증법」이 큰 도움이 되었다. 인용된 부분은 서론 18쪽에 등장한다. 히치콕의 〈새〉 장면을 〈괴물〉에서 현서가 납치되는 장면과 비교한 것은 오래전부터 설명해보고픈 계획이었는데, 〈새〉의 장면 분석으로 유명한 것은 데이비드 보드웰의 『Film Art: 영화예술』(주진숙·이용관 옮김, 이론과실천, 1993)에 등장한다. 여러 인터뷰를 통해 데이비드 보드웰의 책을 언급한 내용들을 보면 봉준호 감독도 이 분석에 대해 잘 알고 있으리라고 짐작된다.

줄리아 크리스테바의 '아브젝시옹'에 대한 언급은『경계에 선 줄리아 크리스테바』(노엘 맥아피, 이부순 옮김, 앨피, 2007)의 91쪽에서 99쪽을 참조하였다. 또한 크리스테바가 쓴『공포의 권력』(서민원 옮김, 동문선, 2001)을 참조하였다.

chapter 6. 헤테로토피아에서

이 장에 소개된 미셸 푸코의 헤테로토피아 인용문은『헤테로토피아』(이상길 옮김, 문학과지성사, 2014)에서 가져왔다. 수록된 각각의 글 중에 인용된 장은「헤테로토피아」의 12쪽에서 14쪽, 24~26쪽,「다른 공간들」의 47~48쪽,「공간, 지식, 권력―폴 래비나우와의 인터뷰」의 87쪽에서 따옴표로 표시하여 인용하였다.

책을 출판한 문학과지성사의 사이트(http://moonji.com/book/8407/)에 올라와 있는 저서 소개가「다른 공간들」에서 언급한 장소별 헤테로토피아를 요약하여 정리해주고 있다. 본문에 소개하기는 광범위한 탓에 싣지 못했지만 좀더 확장된 읽기를 요하는 독자들을 위해 이곳에 첨부한다.

"온갖 장소들 가운데 절대적으로 다른" 공간, "자기 이외의 모든 장소들에 맞서" 그것들을 중화시키고 혹은 정화시키기 위해 마련된 "일종의 반공간contre-espace"인 헤테로토피아는 다음과 같은 특징을 갖는다. 첫째, 모든 사회, 모든 문화에는 헤테로토피아가 존재한다. 둘째, 그 존재 방식이나 작동방식은 동일한 것이 아니라 역사적으로 변화한다(묘지). 셋째, 헤테로토피아는 한 장소에 복수의 공간을 겹쳐놓을 수 있다(극장, 페르시아 정원). 넷째, 헤테로토피아는 전통적인 시간과의 단절, 일종의 헤테로크로니아hétérochronie를 동반한다(박물관, 휴양지). 다섯째, 헤테로토피아는 그것을 주변 세계에 대해 고립시키는 열림과 닫힘의 체계를 갖는다(미국식 모텔). 즉 그것은 열려 있는 동시에 닫혀 있다. 여섯째, 헤테로토피아는 나머지 공간에 대해 이의제기의 기능을 수행한다. 즉 단단하게 실존하는 것으로 여겨지던 공간을 신기루처럼 보이게 한다거나(사창가), 확고하게 질서 잡힌 것으로 여겨져온 제국의 공간을 뒤죽박죽인 것으로 보이게 하는 식으로(주도면밀하게 계획된 식민지), 현실 공간을 '다르게 보이도록' 한다.

『말과 사물』(이규현 옮김, 민음사, 2012)은 보르헤스 관련 내용을 포함하여 국역본 서문을 참조하였다.

chapter 7. 세계의 끝과 하드보일드 원더랜드

멜로드라마에 관한 영화이론가 로라 멀비의 언급은 수잔 헤이워드가 쓴 『영화사전』(이영기 옮김, 한나래, 1997)의 89쪽에서 재인용하였다.

chapter 8. 사물들, 기호들

「대만 카스텔라」에서 냄새와 관련한 지각의 문제와 신체의 현상학은 메를로 퐁티가 쓴 『지각의 현상학』(류의근 옮김, 문학과지성사, 2002)을 참조하였다.

「골뱅이와 황금 돼지」에 등장하는 유사성에 대한 성찰은 미셸 푸코의 『말과 사물』을 참조하였다. 특히 2장 「세계의 산문」을 주로 참고삼았다. 유사성과 상사성에 대한 것은 『이것은 파이프가 아니다』(김현 옮김, 민음사, 1995)에서 가져왔다. 또한 유사성과 상사성을 정리한 『진중권의 현대미학 강의』(아트북스, 2003)의 「미셸 푸코―위계 없는 차이의 향연」의 155쪽에서 158쪽을 참조하였으며, 이 책 또한 『이것은 파이프가 아니다』를 정리하고 있다. 「이름들」에 인용된 마이클 라이언과 더글라스 켈너의 공저서는 『카메라 폴리티카』(백문임 옮김, 시각과언어, 1996)이다. 서론 18쪽의 문장들을 인용하였는데, 국역본을 참조하되 영문판을 따라 재번역하였다.

chapter 9. 〈기생충〉 이후

프로이트의 개념은 국내에 출간된 전집 『예술, 문학, 정신분석』(정장진 옮김, 열린책들, 2020)에 수록된 「두려운 낯섦」에서 가져왔다. 필자가 가지고 있는 책은 구판본에 해당하는 『창조적 작가와 몽상』(1996)이다. 이 글의 초반부에는 책에 설명된 언어학적 개념이 명쾌하게 제시되어 있다. 마크 피셔의 『기이한 것과 으스스한 것』(안현주 옮김, 구픽, 2019)에서는 8~10쪽에 나오는 대목을 인용하였다.

반딧불에 대한 논의는 조르주 디디위베르만의 『반딧불의 잔존』(김홍기 옮김, 길, 2012)을 참조하였다. 1, 2, 3장을 주로 참조하였는데, 26쪽, 31쪽, 84~85쪽에서 긴 인용문을 가져왔다. 이외에도 반딧불과 대비를 이루는 서치라이트, 스포트라이트의 개념은 전반적으로 책에 등장하는 논의들을 바탕으로 쓰였으며, 이 책에서 반딧불이 상징하거나 의미하는 바는 반복적으로 서술되고 있다.

여주인공이 말하는 '유레루'는 흔들린다는 뜻이기도 하지만, 주인공 히키코모리 남자 역의 카가와 테루유키가 출연했던 영화 제목이기도 하다. 봉준호 감독은 〈유레루〉를 연출한 니시카와 미와 감독에게 카가와 작품을 꼭 해보고 싶다고 말했고, 카가와 테루유키를 생각하며 〈흔들리는 도쿄〉의 시나리오를 썼다고 알려져 있다. 그래서 유레루는 달라진 세상과 사랑을 시작하는 여주인공의 '흔들린다'는 말이기도 하지만, 영화의 이미지들(영화 〈유레루〉와 〈흔들리는 도쿄〉)을 연결하는 마지막 대사이기도 하다.

그리고……

2000년대 이후 한국 영화에 대한 전반적인 이해는 허문영 평론가의 『세속적 영화, 세속적 비평』(강, 2010)과 김영진 평론가의 『순응과 전복』(을유문화사, 2019)의 도움을 받았다.

봉준호의 영화 언어

초판 1쇄 인쇄   2021년 2월 15일
초판 1쇄 발행   2021년 2월 22일

지은이   이상용
펴낸이   김민정
책임편집   김동휘   편집   유성원 송원경 김필균
표지디자인   한혜진
본문디자인   백주영 이정민
마케팅   정민호 김도윤 최원석
홍보   김희숙 김상만 이소정 이미희 함유지 김현지 박지원
제작   강신은 김동욱 임현식
제작처   천광인쇄사(인쇄) 신안문화사(제본)

펴낸곳   (주)난다
출판등록   2016년 8월 25일 제406-2016-000108호
주소   10881   경기도 파주시 회동길 210
전자우편   nandatoogo@gmail.com
트위터   @blackinana | 인스타그램   @nandaisart
문의전화   031-955-8865(편집)   031-955-3570(마케팅)   031-955-8855(팩스)

ISBN   979-11-88862-84-9 03680